23020

634

SOYEZ DES HOMMES

DU MÊME AUTEUR

La Mission de la Jeunesse contemporaine (6ᵉ édition) † † † † † † † † † †

EN PRÉPARATION

Les Sophismes de la Jeunesse † † † †

A la conquête de la Pureté † † † † †

PERMIS D'IMPRIMER

Paris, le 26 avril 1908.

H. ODELIN,
VIC. GÉN.

L'auteur et l'éditeur déclarent réserver leurs droits de traduction et de reproduction en France et dans tous les pays étrangers, y compris la Suède et la Norvège.

F.-A. VUILLERMET

Soyez

des

Hommes

A la conquête de la Virilité

PARIS

P. LETHIELLEUX, LIBRAIRE-ÉDITEUR

10, RUE CASSETTE, 10

Esto vir!

❊❊❊

Être un homme, vois-tu, c'est triompher du doute,
Cet ennemi mortel, frère du désespoir.
C'est marcher jusqu'au bout, ferme et droit sur la route
Qui mène à la vertu, passant par le devoir.
C'est garder le front haut, aux jours de la détresse,
C'est porter sans faiblir, l'âme grande en tout lieu.
C'est nourrir dans son sein la force et la tendresse,
C'est aimer ses parents, sa patrie et son Dieu.
C'est rechercher toujours l'épine avant la rose,
Être grand dans la paix, vaillant dans le combat,
Donner son bras, son sang, à la plus noble cause,
Prier, parler, aimer : être apôtre et soldat !...

(PAUL VÉRON. — *Poésies*, page 38.)

Ceux qui vivent, ce sont ceux qui luttent. Ce sont
Ceux dont un dessein ferme emplit l'âme et le front,
Ceux qui d'un haut destin gravissent l'âpre cime,
Ceux qui marchent pensifs, épris d'un but sublime,
Ayant devant les yeux, sans cesse, nuit et jour,
Ou quelque saint labeur, ou quelque grand amour.

(VICTOR HUGO.)

I

Il n'y a plus d'hommes!

I

Il n'y a plus d'hommes!

Le spectacle du monde contemporain n'est pas fait pour nous donner une haute idée de sa vertu. Qu'y voyons-nous ? Des hommes prosternés à deux genoux devant la fortune, adorant ses moindres caprices; des âmes immortelles, destinées à être le tabernacle de Dieu et à porter sur leur front un rayon de la divinité, roulant, pêle-mêle avec toutes les infamies, dans le torrent fangeux des passions; des consciences tournant au moindre souffle du vent et jetant sans scrupule par-dessus bord tous les principes de la justice et de l'honnêteté; des chrétiens abandonnant lâchement la foi de leurs pères par crainte d'un sourire ou d'une parole de mépris. Allez dans le monde politique, vous y rencontrerez des hommes se livrant à d'inavouables agissements, obéissant à l'opinion et se laissant entraîner à des actes méprisables où sombre ce qui leur reste de dignité. Pénétrez dans nos salons mondains et dans nos clubs en vogue et faites le bilan de ce qui s'y passe : paroles déshonnêtes, propos scandaleux et méchants, fréquentations suspectes, voilà ce qu'il faudra chaque jour écrire au tableau. Ailleurs, dans le commerce et l'industrie, on n'entend parler que d'agiotages, de manœuvres frauduleuses, d'usure déguisée, d'oppression et d'exploitation de l'ouvrier. Et s'il nous était donné de mesurer le nombre et la profondeur de toutes les misères cachées, que de compromis, que de trahisons du devoir et de la foi jurée nous découvririons!

Le temps où, selon la parole de l'Écriture, « on appelle bien ce qui est mal et mal ce qui est bien », n'est-il pas venu ?

On m'accusera probablement, dans certains milieux peu clairvoyants et surtout trop optimistes, de noircir le tableau à plaisir. C'est possible, mais j'ai l'intime conviction que ce que je viens d'écrire n'est qu'une peinture bien infidèle des mœurs de ce temps qui semble n'obéir qu'au plaisir ou à l'intérêt.

Dans vos conversations, qu'alimentent presque exclusivement la grande presse à nouvelles ou les potins de la rue, est-il question d'autres choses que d'âmes en détresse, de familles qui se dissolvent, de scandales qui éclatent, de crimes qui se commettent ? Dans vos théâtres ne met-on pas en scène, et cela aux applaudissements de la foule, les pires vices de notre époque ? Depuis quelques années ne s'est-il pas trouvé parmi nous de courageux moralistes qui, dans des livres documentés, ont, malgré l'indifférence béate des uns ou les murmures intéressés des autres, mis à découvert les plaies hideuses qui nous dévorent, appauvrissent notre race et la conduisent à la déchéance et à la mort? En chaire, nos prédicateurs cessent-ils de rappeler au peuple les grands préceptes de la morale évangélique ? Il semble, au moins à ceux qui croient que la chaire chrétienne n'est pas le lieu pour se tailler une réputation de beau diseur en flattant la foule ou en l'amusant avec les hochets surannés d'une rhétorique vieillotte, il semble que les vrais apôtres du Christ n'aient pas assez de véhémence pour tonner contre les vices actuels qui mettent en péril la civilisation.

Je n'irai pas jusqu'à affirmer que la vertu est un phénomène aussi rare que les grands animaux de l'âge antédiluvien. Ce serait une grossière exagération. En notre pays comme ailleurs, nous connaissons des hommes et des jeunes gens d'une vie morale irréprochable, nous avons sous les yeux des exemples de dévoûment, d'abnégation, de sacrifice poussés jusqu'à l'héroïsme et dignes des plus belles époques de l'histoire de l'Eglise. Mais ces exemples sont de plus en plus rares. Les consciences intègres, les chrétiens vraiment dignes de ce nom sont le petit nombre, l'infime minorité au milieu de l'immense armée des baptisés.

Comment pourrait-il en être autrement ? Notre siècle s'est attaché aux joies de la chair. En tout et partout, il recherche le luxe, le bien-être, le confort, les divertissements. Il faut, coûte que coûte, gagner de l'argent, parce qu'il donne la jouissance. Jouir, voilà ce qui complète l'homme, ce qui le place véritablement en pinacle ! Les autres vieilles ambitions même dévoyées, celles que caressaient les générations qui nous ont précédés, sont envolées. Notre ambition à nous, fils du xxe siècle, n'est que le désir ardent de trouver et de savourer plus ou moins de plaisirs. C'est là le dernier mot de presque toutes nos pensées, de toutes nos amours.

Dans cet atmosphère chargé de sensualisme et de frivolité, les âmes ne vivent plus, elles végètent. Ne pouvant plus respirer l'air pur des sommets, elles meurent. Cherchez autour de vous les âmes vraiment vivantes, vraiment agissantes. Où sont-ils ces êtres que les Romains, dans leur langage expressif, désignaient fièrement d'un nom qui est le signe de la force, *vir*, c'est-à-dire un homme de volonté ?

Nous avons encore de grands artistes, des poètes aux idées généreuses, des diplomates et des orateurs puissants, mais des hommes vraiment maîtres de leurs actes, qui se possèdent pleinement, qui ont des convictions, des principes et qui leur sont fidèles toujours, dans la bonne comme dans la mauvaise fortune, qui pour le triomphe d'une idée juste sauront souffrir, où les trouver ? Faites-en le dénombrement ! A votre tour vous serez obligés de répéter le cri de détresse échappé des lèvres de Jouffroy : *Il n'y a plus d'hommes !*

Ce qui manque en notre temps de servilité vis-à-vis des autres et de lâcheté vis-à-vis de soi-même c'est le caractère. Qu'importe que vous soyez des hommes de talent et de génie, si vous n'avez pas de caractère, vous ne serez jamais, permettez-moi cette expression, que des *homunculi*, des moitiés d'hommes, des propres à rien, des êtres qui traîneront une vie misérable et ne laisseront après eux aucune trace, car suivant le mot de Chamfort : « quiconque n'a pas de caractère n'est pas un homme, c'est une chose. »

N'a-t-on pas cependant proclamé bien haut et partout, depuis la tribune du parlement jusque dans les moindres réunions populaires, que *l'instruction faisait tout l'homme*, qu'elle suffisait à lui inspirer l'énergie, la sagesse et les hautes vertus ? C'est pour faire des hommes que l'on a multiplié les écoles au prix des plus grands sacrifices financiers. Non seulement l'instruction est donnée au peuple dans les écoles primaires, mais les études supérieures elles-mêmes lui sont largement ouvertes. Le monde a grandi en science, c'est un fait. Constate-t-on même progression dans sa vertu ?

« Un fait est incontestable, écrivait un homme qui certes n'est point suspect, Michelet, au milieu de tant de progrès matériels, intellectuels, le sens moral a baissé. Tout avance et se développe ; une seule chose diminue, c'est l'âme. »

Nous avons tort de demander à la science ce qu'elle ne peut donner.

La vertu est en dehors de son domaine. Ni les mathématiques, ni les sciences naturelles, ni la littérature, ni le droit, ni la philosophie, ni même les sciences de l'ordre divin ne font de nous des hommes. L'instruction vise l'esprit, elle n'atteint la volonté et le cœur que par contre-coup. On peut cultiver son esprit et laisser son âme en friche. Cela est si vrai que l'on voit des savants à l'âme vile et médiocre ; tout est lumière dans leur intelligence et profondes ténèbres dans leur cœur. A quel résultat pratique est-on arrivé dans notre pays, où le peuple, depuis quelques années, est nourri, saturé de science humaine ? On a stimulé, excité ses convoitises ; on a jeté au sein de ces masses des germes de corruption et de révolte ; on les a livrées au mauvais génie des révolutions.

Affirmer que l'instruction est moralisatrice, cela ne tient pas contre la lecture d'une page d'histoire ou d'une feuille de statistique. On était certainement plus instruit à la cour de Versailles, sous Louis XV, que dans un village de la Basse-Bretagne ou dans les montagnes de la Franche-Comté, y était-on plus moral ? La réponse est facile à faire. Les tableaux comparatifs des criminalistes la font chaque jour pour nos populations (1).

« Le progrès dans la connaissance et dans le

---

(1) H. JOLY. — *Le problème criminel au moment présent*, « Revue des Deux-Mondes », 1ᵉʳ décembre 1907.

maniement des forces naturelles est indubitable, écrivait récemment un penseur ; il ne peut rien pour la justice, il s'emploie à merveille à la violer. » (1).

Une autre illusion fort commune de nos jours, c'est *qu'on peut devenir meilleur en faisant de grands discours sur la morale et la vertu.*

S'il en était ainsi, bien peu d'époques, il faut l'avouer, auraient été aussi parfaites que la nôtre. La manie de moraliser est devenue une mode, et même chez beaucoup, une maladie ; et comme une certaine littérature donne le ton, la prédilection pour ce genre d'exercice ne fait qu'augmenter.

On moralisait, d'après Horace, dans la Rome de la décadence. Il n'y avait pas d'orgie ni de festin qui ne fût agrémenté par un discours sur la vie vertueuse. Les vieilles marquises poudrées du XVIIIe siècle aimaient elles aussi à parler de vertu ; et cependant personne ne soutiendra que l'époque de Voltaire et de Rousseau fût l'âge d'or de la morale, ni *la Nouvelle-Héloïse* le code de la vertu.

Pour devenir des hommes, il faut une volonté forte, capable d'entreprendre un travail sérieux pour la réforme des défauts et l'acquisition des vertus. C'est précisément ce qui a manqué à un grand nombre de nos concitoyens. On a fait d'eux des lettrés, des savants, des hommes de carrière,

---

(1) CH. RENOUVIER. — *Le Personnalisme*, p. 263 (Alcan Paris).

ce qui était bien sans doute, mais on a oublié d'en faire des hommes de caractère. On a développé l'intelligence outre mesure et on a laissé de côté la volonté, comme s'il se fût agi d'une quantité négligeable. On a tout mis en œuvre pour façonner des intellectuels et des bacheliers et on ne faisait rien ou presque rien pour préparer les jeunes gens aux luttes de la vie. Ce qui nous fait défaut, ce n'est pas l'instruction, c'est l'éducation.

C'est la force morale qui fait la grandeur et la vitalité des peuples comme des individus. C'est elle qui les pousse toujours plus avant vers le progrès, les préserve des révolutions sanglantes et des irrémédiables déchéances. « Ce qui soutient le monde, disait F. Brunetière, et, de génération en génération, pour ainsi dire, ce qui l'empêche de retomber à la barbarie, ce ne sont pas les progrès de la mathématique et de la chimie, ni ceux de l'histoire ou de l'érudition, mais ce sont les vertus actives, le sacrifice de l'homme et cette abnégation de soi dont le christianisme a fait la loi de la conduite humaine. » (1).

Soyez bien convaincus, jeunes gens, qu'il nous faut, à l'heure actuelle, autre chose que des viveurs et des jouisseurs qui ne pensent qu'à s'amuser,

---

1) Conclusion au 6ᵉ vol. des *Missions catholiques*, du P. PIOLET

autre chose que des vendus prêts à toutes les compromissions et à toutes les capitulations, autre chose que des girouettes tournant au moindre souffle du vent, autre chose que des pâtes molles, que le premier venu peut pétrir et façonner comme il l'entend, autre chose que des esprits vains et superficiels, mobiles et fantasques qui n'ont que le culte de la bagatelle; ce qu'il nous faut ce sont des cœurs ardents prêts à toutes les luttes, des volontés de fer capables de tous les vouloirs.

C'est pourquoi, après avoir parlé ailleurs (1) *de la préparation intellectuelle* nécessaire pour remplir votre mission, mon devoir est de vous entretenir maintenant de cette autre préparation sans laquelle la première ne servirait à rien, *de la préparation morale.*

Mon ambition de prêtre et d'ami est de vous aider à devenir des hommes de caractère, ouvriers intelligents et actifs des grandes choses que la Providence réserve aux jeunes d'aujourd'hui. Votre avenir et celui de notre France bien-aimée sont entre vos mains. Si la jeune génération qui se lève, et sur laquelle même les plus sceptiques et les plus blasés de ses aînés fondent leurs espérances, se prépare résolument aux luttes de demain, si elle sait être plus vaillante que sa devancière, elle détournera de notre pays les terribles catastrophes

---

(1) *La Mission de la Jeunesse contemporaine* (Lethielleux. Paris).

qui le menacent et nous verrons, j'en ai le ferme espoir, le triomphe de la justice, de la vérité et de la liberté.

Quand je vous parlais de formation intellectuelle, vous pouviez, pour vous dispenser de tout travail, arguer de la faiblesse de votre esprit, que sais-je encore, mais ici, à moins d'être atteints d'idiotisme ou de folie, pas d'excuses possibles. « Une action vertueuse, disait un jour Jules Lemaitre, est l'œuvre d'art permise à ceux qui ne sont pas artistes. » Et c'est avec cela qu'on fait des merveilles. « Tous les jours, ajoutait-il, et plus sûrement que les inventions de la science, la vertu sauve le monde, lui permet de durer. » (1).

---

(1) Discours pour les *Prix de Vertu*. — 1900.

II

Qu'est-ce qu'un homme de caractère?

II

Qu'est-ce qu'un homme de caractère?

Si vous avez la curiosité de lire les philosophes modernes, vous verrez avec quelle facilité ils se contredisent quand ils veulent expliquer ce qu'est le caractère et en donner une définition.

Les uns entendent par caractère l'inflexibilité de la volonté, poussée jusqu'à l'opiniâtreté, les autres, et non des moindres, confondent caractère et tempérament physique. Certains affirment que c'est l'esprit qui a conscience de sa fin, d'autres que c'est la lutte contre la peur.

A mon avis, *le caractère c'est tout simplement la volonté dans un remarquable degré de développement.* C'est le Père Lacordaire, je crois, qui nous en a laissé la plus magnifique description. « Le caractère, écrivait-il, est l'énergie sourde et constante de la volonté, je ne sais quoi d'inébranlable dans les desseins, de plus inébranlable encore dans la fidélité à soi-même, à ses convictions, à ses amitiés, à ses vertus, une force intime qui jaillit de la personne et inspire à tous cette certitude que nous appelons la sécurité !... Le caractère, *qui n'est que la force de la volonté,* tient à la force de la raison, et la force de celle-ci tient à la ferme vue des principes de la vie humaine. » (1).

« Le caractère, disait l'héroïque Père Olivaint, c'est une volonté vraie, une volonté forte et suivie, allant au bout avec patience et courage, malgré les épreuves, les dangers, les artifices, les passions ; c'est le *justum ac tenacem propositi virum* des anciens, mais une force, une fermeté uniquement mise au service du vrai et du bien... c'est le *non possumus* dans le devoir et la vérité ; c'est le *Plutôt obéir à Dieu qu'aux hommes* ; c'est la possession de soi-même dans la volonté de Dieu, sans défaillance, sans découragement, avec énergie et constance, pour agir ou souffrir, pour entreprendre ou résister, quels que soient les obstacles. » (2).

Un homme de caractère c'est donc celui qui agit avec force et constance d'après des convictions fermes. Il est : *résolu pour entreprendre ; fort pour résister.*

Pour accomplir une œuvre, ou même une simple action humaine, il faut tout d'abord se décider à l'entreprendre. Combien peu d'hommes sont capa-

---

(1) *Première Lettre à un Jeune homme.*
(2) P. OLIVAINT, S. J. — *Conseils aux Jeunes Gens,* p. 37.

bles de prendre une décision. Des projets, des plans passent dans leur tête avec la rapidité d'un nuage chassé par un vent violent. Ne sachant pas auquel s'arrêter, ils vivent dans une perpétuelle agitation. Agissent-ils ? C'est qu'une impérieuse nécessité les y aura contraints, car ils sont le jouet des événements ; ou bien, c'est qu'une volonté plus forte les aura pris par la main et les aura obligés à faire telle ou telle chose, et, véritables automates, ils se laissent conduire comme des marionnettes chez Guignol.

L'homme de caractère sait prendre une décision. Il fait tout pour connaître son devoir. S'il ne le voit pas parfaitement, avec simplicité, il s'adresse à des personnes plus éclairées. Dès qu'il est convaincu que le devoir l'appelle à tel endroit et non pas ailleurs, résolument il y va.

S'agit-il, par exemple, de décider sa vocation ? Il prête une oreille attentive à la voix de Dieu qui parle dans son cœur ; il consulte les représentants de Dieu sur terre ; il étudie ses goûts et ses aptitudes et après avoir mûrement réfléchi, il se détermine à embrasser telle carrière. C'est fini. Rien, ni les caresses enveloppantes de certaines personnes toujours à l'affût de volontés faibles à circonvenir et d'avantages matériels à exploiter, ni les larmes de parents trop sensibles, ni les difficultés plus clairement entrevues, rien ne lui fera changer sa résolution. Il veut être prêtre, je suppose ; et pour autant qu'il tient à lui, il le sera. A moins que, la lumière se faisant plus abondante, il ne s'aperçoive clairement qu'il s'est trompé : alors il ne s'obstinera pas à marcher opiniâtrement dans la voie où il s'est engagé, il s'arrêtera volontairement et prendra un autre chemin. Il n'est pas à la merci des impressions du dedans, ni des oppressions du dehors. Il est libre et il entend user de sa liberté !

S'agit-il de se lancer dans une grande entreprise, l'homme de caractère dénombre ses forces, mesure les obstacles, calcule les chances de succès et de défaite, regarde si elle est du ressort de sa compétence, et, quand il a tout pesé, tout jugé avec prudence, il se décide à agir ou à s'abstenir. L'action ne lui fait pas peur ; il soupire après elle. Le sang qui bouillonne dans ses veines, les saints désirs qui s'agitent dans son âme, l'enthousiasme qui le brûle au cœur, tout le pousse ; mais, quand un intérêt supérieur est en jeu, quand le besoin de la cause qu'il veut servir, l'exige, il sait, tout en souffrant, se réduire au silence. Le soldat, placé en faction, pour observer les mouvements de l'ennemi, voudrait se servir de ses armes pour coucher à terre un adversaire qui approche, sa consigne est de faire le mort, il fait le mort et son fusil reste muet.

L'homme de caractère, s'il est hardi dans ses décisions, *n'est pas audacieux*. L'audace comme la violence peuvent parfois donner l'illusion du caractère, surtout si le succès donne raison au héros de l'aventure, mais elles n'en sont que des contrefaçons. *Sans prudence pas de caractère véritable.* Voilà ce que les jeunes gens comprennent difficilement. Pour eux, prudence est synonyme de pusillanimité. Dès qu'on la leur recommande, ils vous accusent de vouloir couper les ailes de leurs âmes. Ce n'est pas mon intention, croyez-le. Je veux que vous vous dilatiez, que vous vous efforciez de sortir du cercle étroit de votre petitesse. Dieu n'a-t-il pas fait vos jeunes cœurs comme les fleurs pour s'épanouir, comme les fleuves, pour s'épancher ? Ayez des cœurs larges comme « l'étendue du sable qui est au bord des mers, » généreux dans vos aspirations, dans vos dévoûments pour les autres, dans vos actions, j'allais dire dans vos ambitions. Aimez les grandes choses qui méritent de l'honneur devant Dieu et devant les hommes. Mais, avant d'agir, au lieu de vous laisser guider par les rêves d'une jeunesse souvent inexpérimentée et présomptueuse, demandez-vous si vous êtes assez forts, et si la prudence vous permet de vous lancer dans cette voie. Le caractère consistera peut-être pour vous, à attendre l'heure de Dieu, en accomplissant humblement et volontairement votre tâche quotidienne.

**
* **

Prendre une décision ne suffit pas, pour avoir du

caractère. Qui parmi nous, dans un moment de ferveur, alors que la vertu, incarnée dans la vie d'un saint et d'un héros, lui apparaissait dans toute sa radieuse beauté, ne s'est dit intérieurement, moi aussi je serai vertueux ? Combien d'autres, après un magnifique discours sur les devoirs de l'heure présente ont promis de travailler au triomphe des grandes causes qui sollicitent notre dévoûment ? Combien de jeunes gens encore, qui, depuis longtemps, résistaient à l'appel secret d'En-Haut les invitant à un suprême sacrifice, se sont écriés, pressés par une conscience aux abois : je serai fidèle à cette voix de Dieu qui m'appelle ?

Qu'est-ce que tout cela ? Des velléités, des promesses, des serments peut-être ! Pour aboutir à quoi ? A rien très souvent. A peine les dernières paroles qui avaient excité notre enthousiasme se sont-elles perdues dans le brouhaha de frénétiques applaudissements, à peine avons-nous franchi le seuil de la mystique chapelle, où notre cœur avait ressenti je ne sais quelle douce émotion, à peine le livre, où notre âme, au contact de celle d'un vaillant, avait senti le besoin de s'élever au-dessus de la banalité ordinaire de nos petites vies, est-il fermé, que nous nous retrouvons tels que nous étions. Nos résolutions sont venues mourir au seuil de la vie pratique comme la vague sur le sable de la grève. Nous sommes les mêmes hommes qu'auparavant, et tout en gémissant, nous continuons à traîner le boulet d'une existence sans honneur, toujours aussi pusillanimes, toujours aussi lâches.

Pour qu'une chose se réalise, il ne suffit pas d'en caresser le projet, de la désirer, il faut se mettre résolument à l'œuvre. *De la décision il faut passer à l'action.*

Que d'obstacles on rencontre quand on veut faire quelque chose ! Je signalerai les principaux, afin de montrer *le second trait du caractère.*

Un jour viendra où vous vous trouverez en face d'hommes que la vue du bien et de la vertu offusque. Véritables tyrans, ils essayeront de vous en détourner. Ils se moqueront de vous; vous traiteront de retardataires. Ils vous diront que la religion que vous pratiquez est une affaire de bonnes femmes ; qu'aujourd'hui il faut secouer ces vieux jougs, sous lesquels, trop longtemps, on a tenu les peuples asservis.

Si la moquerie ne produit pas d'effets, ils useront de la menace. Ils n'ont pu vous faire fléchir sous le ridicule, ils voudront vous tuer sous les coups. Si vous accomplissez votre devoir, vous diront-ils, vous perdrez votre place, on vous arrachera le morceau de pain de la bouche, on vous jettera en exil, on vous traînera en prison.

Que font les hommes en face de ces tyrans ? Les uns courbent la tête et sacrifient leur liberté. Les autres ne se laissent pas intimider, ils accomplissent leur devoir parce que c'est leur devoir, sans ostentation et sans forfanterie. A tous ceux qui veulent les en détourner ils répondent : Cela n'est pas permis. On veut les entraîner à des représentations immorales, dans des sociétés suspectes, dans des spéculations louches et véreuses : *non licet !* On peut rire de leur pudeur, de leur réserve, ils s'en moquent. Tôt ou tard, on leur rendra justice et leur attitude digne forcera le respect de tous ces lâches qui, dans le secret de leur cœur, quand ils n'ont pas perdu tout sentiment d'honnêteté, rougissent d'être ce qu'ils sont.

Fermes en face de la moquerie, ils le sont en face de la menace. Le devoir est en jeu, rien ne les fera capituler, pas même la mort. Ils savent que « la mort acceptée volontairement est, dans l'ordre moral, l'extrême point de la grandeur. Mourir, découvrir son cou, poser sa tête sur un bloc, en s'agenouillant, puis la sentir tomber en témoignage de la vérité, de la justice, voilà la grande destinée ici-bas ». Et alors comme ces trois jeunes hébreux, précurseurs de nos martyrs, ils répondent : « Nous ne nous prosternons que devant le Dieu de nos pères. Tu peux nous tuer, ô roi, mais de son côté, Dieu peut nous soustraire à ta colère. Et s'il lui plaît de ne pas nous délivrer, qu'importe, nous n'en maintiendrons pas moins notre résolution. » (1)

---

(1) Daniel III, 16.

Ceux qui résistent aux sourires et aux menaces, ne succombent-ils pas parfois sous les coups de la flatterie ? Avec un compliment qui n'a souvent même pas l'apparence de la sincérité, vous faites de certains hommes tout ce que vous voulez. Dans une élection vous manque-t-il une voix ? flattez et vous l'aurez. Ce sera peut-être celle de votre adversaire le plus acharné. Êtes-vous sous le coup d'une grave suspicion, avez-vous la réputation d'être un niais et un ignorant ? flattez et vous deviendrez blanc comme neige, flattez encore, et vous serez bientôt sacré grand homme. Vanité humaine ! tes hochets sont bien vils et bien méprisables, cela importe peu. Avec eux, l'homme habile peut mener le monde. Ils sont rares, très rares, ceux qui ne se laissent pas méduser par ce misérable chiffon qu'on agite sous leurs yeux, en se moquant d'eux.

D'autres succombent sous les coups du grand ennemi qui tyrannise tant d'âmes. Ils ne savent pas résister aux charmes et aux séductions de ces êtres de malheur qui, postés en embuscade à tous les carrefours où passent les jeunes gens, n'ont pas d'autres joies que de les faire se vautrer avec eux dans la fange. A ce minotaure du plaisir, ils sacrifient leur honneur, leur force et même leur vie.

D'autres enfin se laissent éblouir par le brillant de l'or et le miroitement des honneurs. Pour une dignité, pour un morceau de ruban, vous voyez des hommes qu'on croyait irréductibles, se mettre à genoux devant des êtres qu'ils méprisent, s'en faire les esclaves et les plats valets. Pour devenir roi, même dans une bicoque, pour commander à quelques-uns de leurs semblables, qu'est-ce que ces ambitieux ne feraient pas ?

Vous l'avez vu ce jeune homme de talent, de mérite et d'espérance, bien instruit, bien élevé, diplômé, sachant parler, écrire, agir ; mais sans fortune, sans protection, sans carrière. Il est arrivé à ce carrefour de la vingtième année, où l'homme doit décider de la direction de sa vie. Quelle voie sera la sienne ? Il y a la droite, il y a la gauche Aller droit devant lui, travailler, étudier ; s'enfermer tout le jour dans un comptoir, un cabinet d'affaires, un laboratoire, une étude, mais pour arriver à quoi ? et en combien de temps ? Il se regarde : son habit râpé, sa bourse plate, la dernière lettre de sa famille qui ne peut rien pour lui.... Alors à lui aussi une voix s'est fait entendre : « Viens à nous. Nous sommes le pouvoir, la faveur, la fortune, le crédit, la force. En veux-tu ta part, ta belle part ? Tu as le savoir, l'intelligence, le caractère, un bras, une parole, une plume ; l'avenir est à toi ! Il n'y a pour cela qu'à le vouloir. Le veux-tu ? Veux-tu être des nôtres, te prêter à ce jeu, t'affilier à cette loge, t'atteler à ce journal, travailler cette candidature, pousser cette affaire telle qu'elle.... Tout cela, c'est de l'or, jeune homme, et pour le ramasser, il n'y a qu'à se baisser...» Oui, mais, il faut se baisser ! Le jeune homme a tourné le dos à toute fortune, à tout avenir, à tout poste et carrière d'honneur et de profit. Il ne sera rien. Qu'importe ? Du moins le veau d'or ne l'aura pas vu fléchir le genou et se mêler à la danse sacrilège d'Israël. Il n'adorera que Dieu et ne servira que lui (1).

Ce jeune homme a du caractère. Il en faut beaucoup pour résister à la flatterie, pour tenir la bride à des passions indomptées et qui promettent des plaisirs, il en faut pour rester pauvre quand avec un mot on pourrait être riche et heureux.

Il reste un dernier obstacle à vaincre. Ceux-là seuls qui parviennent à le surmonter seront véritablement et pleinement des hommes de caractère.

Il est de par le monde des âmes généreuses. Le bien qu'elles ont entrevu, elles veulent le réaliser. Elles se mettent à l'œuvre. Aucun sacrifice, croient-elles, ne les épouvantera. Après avoir vécu longtemps dans la frivolité, ce jeune homme converti par un de ses amis ou réveillé par le coup de clairon qui sonne l'appel au combat pour la défense de la liberté, vient de se lancer dans les œuvres. C'est un sang généreux qui va s'infuser dans ce vieil organisme usé et lui donnera une vie nouvelle. Il se multiplie. On le voit partout. Il ne manque pas

---

(1) Mgr BAUNARD, *L'Évangile du Pauvre*, p. 110. — Poussielgue, Paris.

une réunion. Il fonde des cercles, organise des ligues. Il parle, il écrit. Un autre parle d'un travail à entreprendre. Dans une vision splendide, lumineuse, il a entrevu, se dessinant nettement tout le plan d'un ouvrage. Sans perdre de temps, il recueille les matériaux, fouille les bibliothèques, consulte les auteurs, il voit son volume ou plutôt la série de ses volumes entre toutes les mains. C'est la gloire et par avance, il en savoure les enivrantes caresses. Repassez dans quelques semaines, tout ce beau feu est éteint.

Qu'a-t-il manqué à ces volontés pour demeurer fermes dans leurs résolutions et aller jusqu'au bout de l'effort ? Il leur a manqué cette vertu qui, selon saint Thomas d'Aquin, fait persister l'âme dans ses bonnes entreprises jusqu'à ce qu'elles soient accomplies, malgré la longueur du temps et malgré les épreuves : *la persévérance* (1).

Vertu admirable, elle mérite, dit saint Bernard, la gloire aux hommes et la couronne aux vertus. Sans elle, celui qui combat n'est pas victorieux, et le vainqueur n'emporte point la palme. Elle est la vigueur des forts, la consommation des vertus. Otez la persévérance, le service n'a pas de prix, le bienfait de remerciement et la force point de louange.

C'est une vertu fort peu commune. Nous sommes

---

(1) S. Thomas d'Aquin, *Som. Théol.*, Quest. CXXXVII.

si mobiles et si inconstants! Le temps, ce grand destructeur des œuvres humaines sape tout par la base, il use les meilleures bonnes volontés. L'enthousiasme naît vite dans notre cœur et s'y éteint plus vite encore, quand nous nous trouvons en face de la réalité brutale.

Fils d'une race, dans les veines de laquelle coule le sang d'une légion de héros et de martyrs, nous sommes encore, malgré bien des dégénérescences, capables de sacrifices. Notre force ne ressemble-t-elle pas à celle du soldat qui, dans l'ivresse de l'entraînement, tandis que les tambours battent et que les drapeaux claquent au vent, s'élance comme un lion, à l'assaut des positions ennemies? A certaines heures, on retrouve en nous toute la générosité, toute l'ardeur aventureuse de nos ancêtres. Nous acceptons volontiers un sacrifice héroïque, nous courons même au devant de lui si nous pouvons en retirer quelque gloire. Nous nous donnons tout entiers, sûrs que nous sommes de nous retrouver plus pleinement ensuite, après nous être ainsi oubliés. Mais, les efforts soutenus nous effrayent. Il n'y a rien d'aussi accablant, il est vrai, que la monotonie de la même obscure douleur. Il en est de même des devoirs communs de notre vie de chaque jour. Chacun de ces devoirs n'est qu'une paille à soulever; l'ensemble fait un poids qui écrase. Il faut une âme énergique pour supporter sans défaillance la continuité de l'effort.

La lâcheté fait abandonner beaucoup d'œuvres heureusement commencées, combien plus, *le découragement*.

Quand nous nous mettons au travail, nous nous sentons si résolus, si forts que nous ne soupçonnons pas, dans notre naïveté présomptueuse, que nous puissions connaître le plus léger insuccès. Depuis longtemps, je suppose, nous luttons contre une passion mauvaise. Sous ses assauts sans cesse renouvelés, nous sommes restés fermes. Nous nous croyons victorieux. Tout à coup, cet instinct pervers que nous pouvions croire vaincu ou endormi se réveille en violents soubresauts, nous perdons la tête et finalement nous sommes en pleine déroute. Les défaites se multiplient. Nous jetons nos armes, en disant : je n'arriverai à rien. C'est le geste et la parole d'un découragé.

Si vous travaillez pour les hommes, vous rencontrerez d'autres causes de découragement. Vous vous dévouez pour une personne; pour elle, vous vous sacrifiez, vous oubliez vos intérêts. Sans votre intervention désintéressée, c'était la ruine, la honte, la mort. On vous doit, semble-t-il, une éternelle reconnaissance. Aussitôt, on affecte de ne pas vous connaître, et, en vous méprisant, on cherche le moyen d'oublier que vous êtes un bienfaiteur. Vous travaillez au triomphe d'une cause. A son service vous vous donnez complètement. Et, voilà que ceux-là mêmes qui devraient vous aider, jaloux de vos talents, craignant que vous ne les éclipsiez, cherchent tous les moyens pour entraver votre action. Ils se vengent de leur médiocrité en attaquant votre supériorité. C'est Thersite, l'impuissant, qui, ne sachant même pas tenir une épée, passe son temps à persifler les héros grecs.

Ah! Dupont, qu'il est doux de tout déprécier!
Pour un esprit mort-né convaincu d'impuissance
Qu'il est doux d'être un sot et d'en tirer vengeance (1).

Sous les coups de ses adversaires, on sent croître son ardeur ; mais être jalousé, attaqué sourdement par ceux qui auraient dû être nos meilleurs amis, par ceux à qui on fait du bien, quelle cause de découragement ! Comme on est tenté de se dire en tout abandonnant : qu'ils s'arrangent, je me moque d'eux !

Savoir supporter, c'est bien là le point culminant de la force, sa manifestation la plus belle et le grand secret des maîtres dans l'art de triompher.

Sans cette volonté que rien ne peut modifier, qui ne se laisse ébranler et vaincre par aucun obstacle, et qui, malgré la fatigue et la lassitude qui naissent de la longueur de l'effort, marche d'un pas ferme et assuré dans la voie droite qu'elle a choisie, dût-elle mourir à la tâche, il n'y a pas de caractère.

---

(1) A. DE MUSSET, *Dupont et Durand.*

Sans doute, il faut une certaine dose de volonté pour prendre une décision et la mettre à exécution, mais pour persévérer et aller jusqu'au bout de son dessein, il en faut bien davantage. Cette persévérance infléchissable est vraiment le couronnement de la volonté, et c'est par conséquent *la pierre de touche du caractère* (1).

---

(1) Nous recommandons aux jeunes gens la lecture : du P. LACORDAIRE, *Discours sur la Grandeur du Caractère;* — de M. GUIBERT, *Le Caractère* (Paris, Poussielgue); — du R. P. GILLET, O. P., *L'Éducation du caractère* (Desclée. Lille); — *La Virilité chrétienne du caractère*, de l'abbé DÉSERS (Poussielgue. Paris); — *Les Éléments psychologiques du caractère d'après Aristote*, du R. P. GILLET, dans la *Revue des sciences philosophiques et théologiques*, pages 217-238. — 1907.

III

Les Luttes nécessaires.

III

Les Luttes nécessaires.

I. — La Lutte pour la vie.

Se créer une situation dans le monde, *faire quelque chose*, voilà le but humain où tendent tous les efforts des jeunes gens. Bien rares, en effet, sont aujourd'hui les situations toutes faites. En ce temps d'universelle concurrence, pour arriver, il faut lutter d'arrache-pied contre de nombreuses compétitions.

Sans doute, l'intelligence, la mémoire, l'imagination ont une part dans le succès, mais le rôle principal appartient à la faculté maîtresse de toutes les autres, à celle qui commande et défend, stimule et ralentit, soutient et contrecarre à son gré tous nos actes, à la volonté.

Aux vaillants, aux hommes de volonté énergique, de caractère robuste, le premier rang. Cela est vrai pour la phalange d'élite des travailleurs intellectuels comme pour l'immense armée des travailleurs des bras, car *la volonté exerce son action et sur l'intelligence et sur le corps.*

La volonté n'a aucune influence sur l'acte même de l'intelligence. C'est notre intelligence qui pense, juge, raisonne, produit tous ces actes successifs dont le terme est la démonstration. *Mais elle dépend de la volonté dans son exercice.* Si l'acquisition de la science exige une somme déterminée d'intelligence, elle réclame aussi beaucoup de volonté.

Pour arriver à la possession d'une science, il est indispensable d'en connaître les principes ; et cette connaissance, je ne puis, humainement parlant, l'acquérir que par le travail. Or travailler ou ne pas travailler dépend de ma volonté.

De plus, c'est à mon libre arbitre qu'il appartient de déterminer, de circonscrire la matière de mes études. Je puis, selon mon bon plaisir, faire de la philosophie ou de la physique ; m'attacher à telle branche du savoir humain plutôt qu'à telle autre. En un mot, je puis travailler si je le veux, ce que je veux, quand je le veux et même, si bon me semble, condamner mon intelligence à l'inaction et à la stérilité.

Enfin, l'acquisition de la moindre parcelle de vérité demandant beaucoup d'attention, beaucoup d'application il faudra pour rompre ce qu'on a appelé l'écorce amère de la science, une énergie que rien ne lasse, que rien ne décourage, que rien n'épouvante, ni les insuccès, ni les incompréhensions, ni les sacrifices, ni les rudes et crucifiants labeurs.

Notre volonté est-elle naturellement capable de

ces efforts ? Instruits par l'expérience des autres et par la nôtre, nous devons avouer qu'ordinairement elle en est impuissante. Pourquoi ?

D'abord notre volonté est paresseuse. Pour mettre en œuvre les immenses ressources de notre intelligence, pour faire fructifier les talents que la Providence nous a confiés, il faut au moins le vouloir. Il faudrait un effort de volonté pour s'enfermer dans le recueillement et le silence où s'élaborent les profondes pensées, pour prolonger ses veilles, pour se priver d'une distraction, d'un plaisir, et nous n'en n'avons pas le courage. Ce qui caractérise notre jeunesse contemporaine, c'est la mollesse. Les jeunes gens, au début de la vie, nous apparaissent déjà comme des voyageurs las, des lutteurs épuisés avant d'avoir combattu. A peine avons-nous commencé à vouloir une chose que, fatigués, nous l'abandonnons.

Non seulement notre volonté est paresseuse, mais *elle est atteinte du microbe du changement.* Nous ignorons un art, sans lequel tous les autres ne sont rien, l'art de finir. Nous aimons à papillonner à droite et à gauche, à tout effleurer sans rien approfondir. En agissant ainsi, peut-être acquerrons-nous un certain vernis qui pourra tromper et éblouir les naïfs qui se laissent prendre à la piperie des mots, nous ne possèderons à fond aucune connaissance. Les hommes intelligents qui nous auront vite percés à jour ne nous prendront pas au sérieux, et nous serons incapables de produire une œuvre solide et durable. Pour être fort, il ne faut pas ainsi voltiger au hasard des plaisirs et des impressions du moment, il faut s'arrêter à quelque chose, prendre un point d'appui dans la stabilité, et puis de là, s'élever, croître, grandir et rayonner.

Les grands travailleurs intellectuels ont tous été, en règle générale, de grands volontaires.

C'est à coups de volonté que certains d'entre eux sont parvenus à vaincre une paresse qui semblait innée.

Newton fut longtemps l'avant dernier de sa classe; celui qui se trouvait avant lui l'ayant frappé, Newton le terrassa. Il voulut le vaincre aussi par le savoir. En peu de temps, il devint le meilleur élève, obtint le premier rang et le garda.

Gladstone, qui devait illustrer son nom comme orateur et administrateur, était considéré comme le plus stupide enfant de son école.

C'est à coups de volonté que quelques-uns se sont corrigés de graves défauts naturels qui étaient un obstacle à la réalisation du but qu'ils se proposaient d'atteindre.

Démosthènes lutta pendant des années contre un défaut d'élocution qui lui avait valu d'être sifflé par ses compatriotes à ses débuts sur l'Agora.

Les Florentins qui, pour la première fois, entendirent Jérôme Savonarole, ne purent s'empêcher de rire. L'orateur avait une voix nasillarde, ses gestes étaient gauches, sa contenance embarrassée. Loin de se décourager, il étudia avec une ardeur plus grande, corrigea sa voix et devint peu à peu l'orateur le plus captivant de son temps.

C'est à coups de volonté que d'autres sont arrivés à ces découvertes merveilleuses qui ont illustré leur nom.

Obsédé par le désir de trouver le secret des émaux italiens, Palissy brise sa vaisselle, fait plusieurs essais sans réussir, construit un four, l'alimente six jours et rien ne réussit. Il recommence ses épreuves, brûle tout ce qu'il trouve, enlève les clôtures de son jardin, jette au feu ses tables, ses chaises, le plancher de sa maison. Une âme charitable le loge et le nourrit pendant six mois; il erre dans les champs près de Saintes; ses habits sont déchirés; on le regarde comme un insensé. Enfin, il trouve le secret, la gloire et la fortune le dédommagent de ses peines.

N'est-ce pas grâce à une volonté énergique, mise au service de son génie, que notre immortel Pasteur a pu s'avancer si loin dans le monde des infiniment petits.

C'est à coups de volonté que tous ont éloigné d'eux ce qui pouvait les distraire de leurs travaux.

Retiré dans sa pauvre chambre de la rue de la Vieille-Comédie, Garcia Moreno s'était astreint à un travail de seize heures par jour. Si les jours avaient quarante-huit heures, disait-il, j'en passerais quarante avec mes livres sans broncher. Nous connaissons la résistance originale qu'il opposa aux sollicitations trop pressantes de ses amis. Il était venu à Paris pour étudier, il sut ne pas céder aux entraînements semés à profusion sous les pas des jeunes gens, dans cette ville de toutes les élégances et de tous les plaisirs.

N'est-ce pas au manque de volonté qu'il faut attribuer l'échec d'un grand nombre de jeunes gens qui ont si peu donné alors qu'ils promettaient beaucoup ? Intelligences remarquables, ils pouvaient et même, dans la mesure où la sagesse, la prudence et la justice le leur permettaient, ils devaient prétendre au premier rang. Mous et paresseux, ils n'ont rien fait. Pendant qu'ils se complaisaient dans un nonchaloir plein de douceurs, d'autres d'une valeur intellectuelle bien inférieure, mais doués d'une volonté robuste, passaient devant eux et parvenaient à toutes les situations. Ces inertes avaient compté sans l'énergie de leurs compétiteurs, énergie qui les a poussés au travail et a décuplé leur valeur.

Ceux qui, armés d'une énergie irrésistible, veulent arriver, arrivent. Pendant un temps, le favoritisme, cet ennemi de la justice, vous écartera des emplois auxquels votre mérite vous donne droit. Mais on n'a jamais résisté longtemps aux laborieux. S'ils n'ont pas la faveur qui ouvre les portes, ils ont le travail et la volonté qui les forcent.

**

Pour se dispenser de tout effort, on argue souvent de la faiblesse physique. Cette raison est-elle recevable ?

Il y a des maladies contre lesquelles la volonté est impuissante à réagir. Ainsi un paralytique, malgré un très vif désir de marcher, sera incapable de donner le mouvement à ce membre où ne circule qu'une vie amoindrie ; un homme atteint d'anémie cérébrale ne pourra se livrer à aucun travail intellectuel.

Ce sont là des faits qu'il faut nécessairement admettre. L'empire de notre volonté, quelque grand qu'il soit, ayant des limites.

Mais combien y a-t-il de maladies, fort à la mode de nos jours, maladies que l'on décore de noms scientifiques pompeux, qui ne sont que de la vieille paresse déguisée, et qui ont cet immense avantage de ne pas faire souffrir beaucoup tout en rendant très intéressant. Il suffirait souvent, au moins à l'origine, d'un vigoureux acte de vouloir pour secouer cette torpeur, et faire disparaître ces infirmités imaginaires.

Grâce à une volonté forte, on échappe parfois aux ravages des épidémies. Goëthe, par sa seule force morale, échappa aux atteintes d'une fièvre qui terrifiait et frappait tout autour de lui. « Dans une fièvre putride épidémique qui exerçait autour de moi ses ravages, dit-il, j'étais exposé à une contagion évidente; je parvins à m'y soustraire par la seule action d'une volonté ferme. On ne saurait croire combien la volonté a de puissance en pareil cas. Elle se répand, pour ainsi dire, dans tout le corps et le met dans un état d'activité qui repousse toutes les influences nuisibles. »

Les indispositions dont personne n'est exempt sont sans gravité, si l'on continue à vaquer à ses occupations, si, suivant ce mot du peuple, on ne s'écoute pas. Même dans certaines maladies graves, la force de la volonté est d'un puissant secours pour arriver à une prompte guérison. C'est une véritable bonne fortune pour un médecin que de trouver chez son malade un caractère ferme. « L'hypocondrie et l'hystérie étaient inconnues des anciens, disait un célèbre docteur. Essayons d'être nobles comme les Grecs, énergiques comme les Romains. Peut-être alors ces maux terribles disparaîtront-ils. »

Supposez même que votre santé soit réellement affaiblie; est-ce une raison pour vous dispenser de tout travail ? Nous avons tous connu des hommes à la santé chancelante, paraissant toujours entre la vie et la mort, et qui cependant travaillaient. Ils ne pouvaient se livrer à l'étude qu'une heure ou deux par jour, ils les y consacraient. On demeure surpris en constatant la somme de travail fournie par eux, après quelques années. Ils auraient pu comme beaucoup d'autres se lamenter sur leur état, passer leurs journées à trouver des descriptions plus émouvantes de leurs maux, à expérimenter des traitements plus efficaces, à chercher à la quatrième page des journaux des remèdes nouveaux et toujours infaillibles ; mais non, ils s'étaient fixé un but, ils ont voulu l'atteindre et ils l'ont atteint.

Saint Paul était très faible et souvent malade ; et cependant que de fatigues, de souffrances et de privations il a endurées dans ses longs voyages apostoliques ! Saint Grégoire le Grand qui écrivit tant d'ouvrages et qui entreprit et mena à bonne fin tant de travaux était un invalide. C'est durant les trente-cinq dernières années de sa vie qui furent trente-cinq années d'atroces souffrances que saint Alphonse de Liguori écrivit ses plus grands ouvrages. Qui de nos jours a travaillé plus que cet aveugle qu'on nommait Mgr de Ségur ? Atteint de cécité, il ne cesse de prêcher, de confesser, de composer des ouvrages. Quand on lui reproche de trop se fatiguer, il répond : « j'aime mieux travailler ferme pendant trente ans que mollement pendant quarante ». « Il faut faire comme les lampes du Saint-Sacrement, disait-il, brûler tant qu'il y a de l'huile, brûler avec joie, s'user avec bonheur pour le service de Dieu, puis s'éteindre tranquillement, sans fumer, c'est-à-dire, sans grogner. »

Dans un ordre moins élevé, voyez à l'œuvre le spéculateur, l'industriel, quelle activité ils déploient !

Ils passent des journées entières et même une partie des nuits dans de fatigantes occupations. Souvent leurs yeux se ferment sous le poids du sommeil, leurs bras se raidissent, leurs jambes refusent de marcher; et cependant il faut travailler encore : et les voilà qui disent à leurs yeux lassés de veiller, à leurs bras moulus de travailler, à leurs jambes chancelantes de les porter. Cette domination de la volonté va si loin, que l'on voit des hommes commander à leur corps jusque dans les angoisses du trépas. Des soldats couverts de sang, les membres brisés, oublient leurs blessures, luttent contre la mort et dans un suprême effort essayent de se soulever pour faire feu contre l'ennemi et défendre le drapeau.

Tout ce qui s'est accompli de grand sur la terre l'a été par des hommes de vouloir. N'est-ce pas la volonté victorieuse qui a jeté ces digues gigantesques contre lesquelles les vagues viennent se briser en mugissant ? N'est-ce pas elle qui a élevé ces splendides monuments d'architecture qui couvrent d'un vêtement immortel la terre de la vieille Europe ? N'est-ce pas aiguillonné par elle que l'homme s'est avancé dans les continents inconnus pour les ouvrir à la civilisation ?

C'était un homme de volonté celui qui, luttant contre les hommes et les éléments révoltés, osa le premier affronter les périls de l'Océan pour aller planter la croix du Sauveur sur les plages du

Nouveau-Monde. Quelle volonté que ce génie qui au siècle dernier bouleversa militairement la carte de l'Europe!

Si donc vous voulez faire quelque chose, jeunes gens, efforcez-vous d'acquérir une volonté de fer, capable de commander à votre intelligence, à votre corps, capable aussi de renverser, de briser les obstacles que la nature oppose à vos légitimes ambitions. (1)

---

(1) Lectures recommandées : *La Liberté*, par le P. JANVIER (Lethielleux, Paris); — *Leçons de psychologie*, par MERCIER (Alcan, Paris); — *Saint Paul*, par FOUARD (Lecoffre, Paris); — *Les Épîtres de Saint Paul*, par le R. P. LEMONNYER, O. P. (Bloud, Paris). — *Les biographies de Pasteur*, par VALLERY-RADOT; — *Garcia Moreno*, par le R. P. BERTHE, etc.

IV

Les Luttes nécessaires *(Suite)*

IV

Les Luttes nécessaires (Suite).

II. — La Lutte contre les passions.

Si pour *faire quelque chose*, il faut de la volonté pour *être quelqu'un* il en faut bien davantage. Pou[r] arriver au développement aussi parfait que pos[s]ible de votre personnalité morale vous aurez [à] lutter contre de rudes adversaires. Vous devre[z] dompter vos passions afin de les empêcher de nuir[e] et afin aussi, de les faire servir à l'œuvre de votr[e] perfectionnement.

Les passions, d'après saint Thomas d'Aqui[n] sont des mouvements qui se produisent dans l[a] région des instincts et des appétits, mouvement[s] provoqués par les vives images du bien et d[u] mal (1).

La passion nous apparaît généralement comm[e] notre plus grand ennemi. Nous avons eu si souven[t] à gémir de ses méfaits. Considérée dans sa natur[e]

---

(1) I^a, II^{ae} Quest. XXIV, art. 2 et 4.

la passion n'est ni bonne ni mauvaise. Elle devient bonne ou mauvaise selon que son objet est conforme ou contraire à la raison.

Quand Dieu créa l'homme, il y mit les passions. Alors elles étaient soumises et pures. L'homme régnait en maître sur elles. Entre ses mains, elles étaient et ne pouvaient être qu'un merveilleux instrument de perfection.

L'ère de la révolte et de la corruption commença au jour où, suivant l'énergique expression de Bossuet « le péché ayant mêlé partout du sien », l'ordre fut troublé.

Héritant par la génération d'une nature déchue, nous en subissons la triste servitude. Les passions aveugles ayant secoué le joug de la raison, se précipitent vers leur objet. Elles veulent jouir et réclament à grands cris leur pâture. Cette servitude pèse lourdement sur nous qui portons le poids des fautes de nombreuses générations. La fièvre des passions qui a dévoré le sang de nos ancêtres dévore le nôtre. Mais ne rejetons pas toute l'accusation sur ceux qui nous ont précédés. Notre part de responsabilité est grande. Nos fautes personnelles n'ont-elles pas élargi la plaie profonde dont souffrait notre pauvre nature ? Chaque fois que notre main débile a lâché la bride qui tenait nos passions en laisse, n'avons-nous pas constaté qu'elles devenaient plus exigeantes et leur dérèglement plus incurable ?

Tous, à des degrés divers, nous sentons s'agiter en nous ces humiliantes énergies que le langage chrétien appelle la concupiscence. Les saints eux-mêmes les ont connues.

La jeunesse est le temps où les passions et tout particulièrement le plaisir, ont le plus d'impétuosité. Elles se présentent à nous dans toute leur brutalité. Tout concourt à les favoriser, et par suite à augmenter les difficultés que nous avons à tenir sous le joug nos instincts frémissants; un sang plus généreux circule dans nos veines; notre profonde inexpérience des hommes et des choses; notre vie dans un monde livré à l'âpre joie de vivre, à toutes les ivresses et dont l'unique souci est de multiplier les sources de corruption. La jeunesse, dit-il, est l'âge des heureuses folies; venez amis, enivrez-vous à cette coupe dont vos lèvres se retireront trop tôt. Couronnez-vous de roses avant que les roses ne se fanent; qu'il n'y ait pas un champ de fleurs que vos pieds n'écrasent. Ajoutez à tout cela, les sollicitations sans nombre de l'ennemi du bien qui s'attaque surtout aux principes à ces germes de vertu dont dépend toute une vie. Les jeunes pousses sont plus facilement entamées par le ver que le cœur robuste des vieux chênes.

C'est l'époque de la crise. « Tout est crise en tout temps, pour toute chose. En chaque point de son cours, la vie peut s'arrêter ou s'élancer. Cependant il est des époques principales dans la vie de chacun de nous.

Chaque homme à l'entrée de sa vie personnelle et civile, traverse une crise morale qui, d'ordinaire, décide de la direction de sa vie tout entière. Il y a là un fait tellement général qu'il fait partie, pour ainsi dire, de l'histoire naturelle de l'homme.

J'interroge la physiologie, et je trouve scientifiquement décrit ce grand fait de l'expérience antique, savoir qu'à l'entrée de la vie virile, à l'époque de la grande formation organique qui développe le corps entier, l'homme hésite entre les deux chemins offerts au choix d'Hercule, celui de la vertu et celui de la volupté ; ces deux chemins que l'Évangile appelle la voie étroite et la voie large » (1).

Regardez la plupart des jeunes gens de nos jours. Eux qui pouvaient être si grands, si admirablement beaux, qui étaient si pleins de promesses et d'espérances pour ceux qui attendaient en eux l'efflorescence des dons de Dieu. Ils se traînent languissants dans la vulgarité et le terre-à-terre, sans idéal ni enthousiasme. Si vous voulez la raison de cet engourdissement, de cet effondrement de toutes les facultés, descendez au fond de leurs âmes, et vous constaterez qu'ils ont gaspillé les forces que la main du Créateur y avait déposées. Ne comptez plus sur eux. Ce sont des inutiles qui à la première occasion, seront des malfaiteurs.

Ces bravaches d'immoralité deviendront facile-

---

(1) P. GRATRY. — *Crise de la foi.*

ment des bravaches d'impiété. Ceux qui se livrent aux plaisirs abandonnent souvent la foi de leur enfance. La foi condamne le vice; le vice se venge en condamnant la foi. Fait assez digne de remarque, l'orage du doute coïncide presque toujours avec l'orage des passions. Et à supposer même, ce qui arrive, que le jeune homme conserve la foi intacte, quel piètre chrétien il fait ! Comme il est loin de l'idéal divin qu'il doit réaliser en lui !

Les jeunes gens qui s'abandonnent ainsi à la fougue des passions sont-ils nombreux ? « La plupart des hommes, à l'entrée de la vie, dès le commencement de la crise principale, roulent dans les sens et dans la matière, et ne comptent plus comme forces morales, intelligentes et libres. On dit que, sur la face du globe, un tiers des hommes venus au jour, avant la fin de la première année, sont rentrés dans le sein de la terre. La mortalité sur les âmes est bien plus grande. Quand vient la crise, il n'en est pas un tiers qui choisisse la vie. Au premier choc des tentations, la plupart s'affaissent et s'éteignent; de cette masse librement rendue à la terre, il ne sortira plus ni lumière, ni force utile pour l'œuvre du genre humain » (1).

Quelle est la cause de ce désastre ? — Beaucoup la cherchent dans la faiblesse du tempérament, dans une sorte de nécessité physique, d'autres dans des

---

(1) P. GRATRY. — *Crise de la foi*, p. 35.

emportements qui ressemblent à de la folie. C'était plus fort que moi ; je n'ai pas pu faire autrement ; je suis un malade, un névrosé ; voilà ce que disent d'ordinaire pour s'excuser ceux qui ont cédé aux sollicitations des passions.

Sans méconnaître ce qu'il peut y avoir de réel dans le peu de résistance de certaines natures plus portées que d'autres à subir les entraînements passionnels, par suite de tares héréditaires, de fautes personnelles, de débilité physique ou morale, ne doit-on pas admettre que la grande cause se trouve *dans le manque de volonté?*

Ceux qui se lamentent de subir la tyrannie du mal, ont-ils, ainsi que le demande saint Paul, « résisté jusqu'au sang ? » Ils n'ont même pas tenté de faire un effort pour secouer le poids des chaînes qui les rivent à la terre. Et si parfois ils ont voulu se dresser debout dans l'attitude d'un soldat prêt à la lutte, ils ont manqué de courage dès que la mêlée a été engagée et que le combat est devenu plus rude. Il serait nécessaire d'articuler une bonne fois dans sa vie, ce mot éminemment français et chrétien, *je veux*. Nous avons peur de le dire. Il nous brûle les lèvres. Derrière lui nous apparaît tout un cortège d'efforts et de mortifications, et nous nous prenons à trembler, lâches que nous sommes.

Quel est le rôle de la volonté dans la lutte contre les passions ?

Dans cette lutte contre les passions, il est de bonne tactique d'observer les lois de la guerre. Le premier soin d'une armée en campagne est de veiller à ne pas se laisser surprendre par l'ennemi. Les passions révoltées, voilà notre ennemi ! Il faut donc exercer à leur endroit une étroite vigilance.

Les choses extérieures ne peuvent avoir aucune action directe sur la volonté qui est une puissance immatérielle, dans sa structure et dans ses actes ; mais elles peuvent agir sur elle indirectement par l'intermédiaire de l'intelligence qui lui fournit l'objet de ses affections. Les passions présentent les choses à l'intelligence sous des couleurs si vives et si séduisantes que ce qu'elles peuvent avoir de défectueux disparaît. Elles lui apparaissent comme le bien. L'intelligence présente alors ces objets à la volonté qui, avec violence, se précipite sur eux. L'œuvre de la passion est consommée. L'intelligence a été trompée ; la volonté humaine, trompée à son tour, a sombré.

Dans le calme, mon intelligence verra très bien la misère et la pauvreté des objets, elle mesurera toutes les conséquences désastreuses d'une action, et alors ma volonté refusera de les poursuivre. Mais, dans l'emportement occasionné par le contact

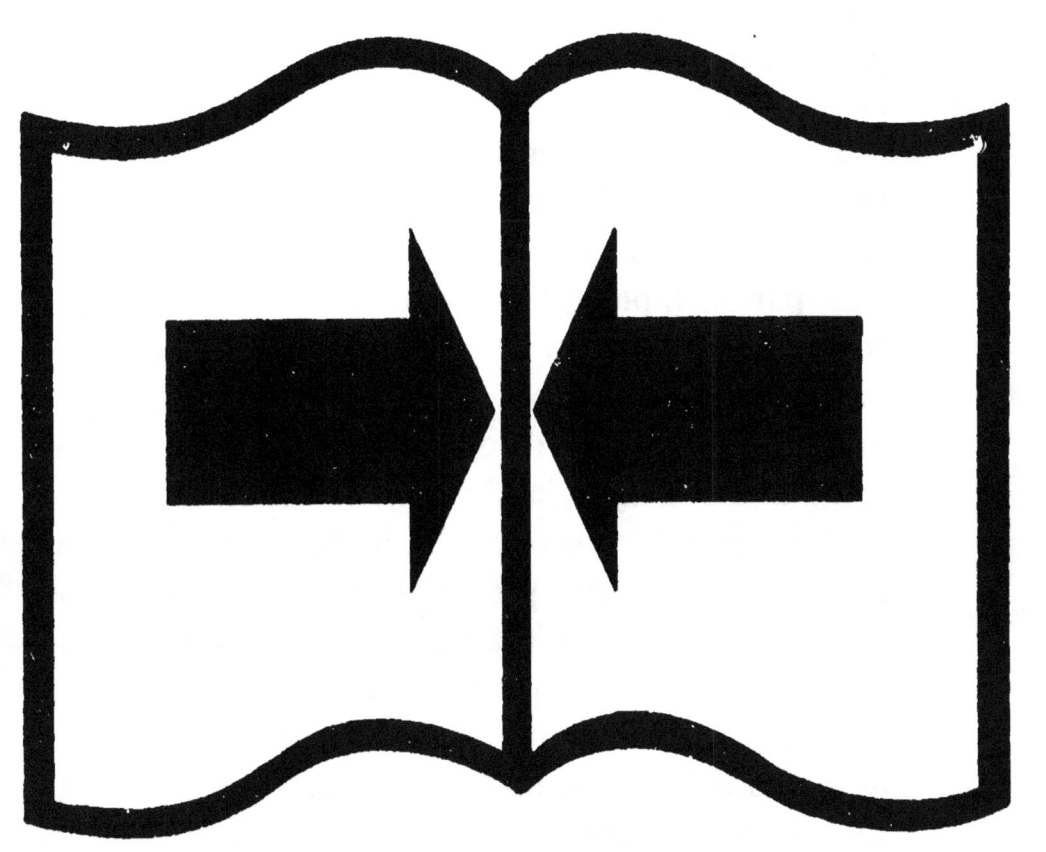

Reliure serrée

des choses, mon intelligence, enténébrée par la lourde atmosphère qui monte des sens, ne les voit plus dans toute leur vérité ; elle les juge mal et ainsi induit ma volonté en erreur.

Il faut donc écarter de notre vie tout ce qui peut faire perdre la tête et sombrer la volonté, et cela en exerçant sur nos sens *une grande vigilance*. Je sais, par exemple, qu'à la vue de telle personne, de tel objet, la passion s'éveille en moi frémissante et terrible, et qu'alors j'ai de la difficulté à me maîtriser ; je devrai dire à mes yeux de se fermer, commander à mes jambes de me conduire ailleurs, afin d'éviter la rencontre redoutée. Et si je suis obligé de subir cette présence, je devrai porter mon attention ailleurs. C'est aussi un fait que, lorsque l'homme se trouve dans tel état physique, après un banquet trop substantiel, au milieu des énervements et des séductions d'une soirée mondaine, les sens sont plus violemment excités et partant qu'il est plus difficile de les contrôler. Mais rien ne m'oblige à me jeter de gaîté de cœur dans les hasards d'aventures d'où tant d'autres sont revenus tout meurtris et tout ensanglantés. Surtout nous devons éviter de nous retrouver dans les occasions où déjà une ou plusieurs fois nous nous sommes laissés terrasser par le mal ; une nouvelle chute serait peut-être le paiement de notre imprudence.

Un ami de saint Augustin, Alypius, avait fini par prendre en haine les combats de gladiateurs ont autrefois il s'était ardemment enthousiasmé. [U]n jour, ses condisciples l'emmenèrent malgré lui [à] l'amphithéâtre. « Vous pouvez entraîner mon [co]rps, leur disait-il, mais il n'est point en votre [fac]ulté d'ouvrir à ces jeux mon âme et mes yeux. [J]e serai présent et je serai absent, ni vous, ni ces [sp]ectacles ne triompherez de mon sentiment. » Ils [ar]rivent, ils se placent où ils peuvent, tout déjà [re]spirait la volupté du sang ; Alypius ferme les yeux, [déf]end à son âme de descendre dans cette arène. [M]ais soudain un immense cri de la multitude [l'ar]rache à lui-même, le fait tressaillir, il ouvre ses [y]eux.... « Alors, dit saint Augustin, sa conscience [fu]t plus blessée que le malheureux gisant sur le sable. [A] peine a-t-il vu ce sang qu'il le boit du regard, il ne [dé]tourne plus ses yeux, il les arrête avec complaisance, il se désaltère à la coupe des furies, il se grise [da]ns la contemplation de ces luttes féroces, il respire [av]ec délices l'odeur du crime. Il applaudit, il s'en[th]ousiasme, sa tête s'enflamme : plus passionné que [les] autres, c'est lui maintenant qui les entraîne, [et] il ne quitte ce lieu qu'avec une impatience [d]évorante d'y revenir. »

Cette vigilance doit être de tous les instants. [Ja]mais, au moins humainement parlant, nous ne [som]mes à l'abri des révoltes des passions. Un rien [suf]fit à les réveiller. Un changement de lieu, une [m]odification d'attitude corporelle, les variations de [l'a]tmosphère, les ivresses du printemps ou les brumes mélancoliques de l'automne, un simple déclic de l'imagination. Sans une volonté capable d'efforts continus, personne n'est sûr de sa moralité. Un philosophe disait un jour, en un pittoresque langage, le chrétien parfait est un « ange qui, monté sur une bête domptée, doit toujours veiller à ce que cette bête ne se souvienne pas de sa sauvagerie primitive.

Il arrive parfois que les passions s'éveillent tout à coup et livrent un formidable assaut à nos facultés. Une angoisse terrible nous étreint au cœur. Le sang circule avec violence dans nos veines. Tout notre être en est ébranlé. Nous pouvons, si nous le voulons, *opposer à la passion une double barrière*.

Il est au pouvoir de notre volonté d'en arrêter l'explosion au dehors. Je peux arrêter ma main déjà levée pour frapper, mes lèvres déjà ouvertes pour injurier. De plus et surtout, je puis opposer aux impérieuses sollicitations des passions un non indomptable et victorieux. Et rien, si je sais vouloir énergiquement, ne peut avoir raison de ma résistance, ni la violence des appétits, ni la durée de l'assaut. Toujours, même aux heures où la bataille est la plus acharnée, ma volonté reste maîtresse d'elle-même.

Il est des cas où la simple défensive est une défaite, et où l'offensive est *une condition essentielle du triomphe*. — Une armée qui se contente de résister perd la moitié de ses forces. Ses ressources vives qui dans une attaque vigoureuse se trouveraient en quelque sorte décuplées par les excitations mêmes de la lutte, s'énervent et s'affaiblissent sous les coups répétés de petits assauts. Cette tactique convient dans la lutte contre les passions. Elles ne capitulent que devant des habitudes agressives qui donnent de perpétuels démentis à leurs exigences. « La volonté doit donc, quand la passion lui demande un acte d'avarice, répondre par un acte de munificence; quand elle lui demande une satisfaction d'orgueil, lui opposer une leçon de modestie, c'est la résistance. Mais vous apercevez un pauvre, votre cœur s'émeut ; la tentation d'une bonne œuvre succède à celle d'une mauvaise action, votre bourse s'ouvre et vous versez dans le sein fraternel de l'infortune l'argent destiné à une coupable distraction. C'est plus que de la résistance, c'est le mouvement à l'opposite de la faute, la révolte tout entière contre l'égoïsme du mal. Or il n'y a que le bien qui soit assez fort pour vaincre le mal » (1).

**

La volonté s'est rendue maître des puissances inférieures. Elle les tient enchaînées. Je dis enchaînées, car quoi que nous fassions, nous ne détruirons jamais en nous ces mouvements des passions. Nous avons un tempérament; il n'est pas en notre pouvoir

---

(1) P. LACORDAIRE. — *Conférences de Toulouse,* 5ᵉ.

d'en assumer un autre. Vouloir le contraire, c'est une puérilité, c'est désirer l'impossible, c'est se priver de forces dont nous pouvons avec le travail de la volonté nous servir pour notre perfectionnement moral.

C'était à Saint-Sernin de Toulouse, le Père Lacordaire venait de montrer en détail tous les ravages causés par les passions. Il avait pris les plus grandes, les plus tyranniques, les plus incendiaires et il en avait parlé dans une langue enflammée. Il voulait conclure. On s'attendait à voir tomber sur les passions, des lèvres du prophète nouveau un dernier anathème et une suprême malédiction, et on regardait son visage plus pâle encore que d'ordinaire et ses lèvres qui tremblaient. Tout à coup, comme il regardait le Christ suspendu devant lui, on vit sur son visage et sur ses lèvres un sourire qui passait. Il se recueillit une minute et, d'une voix caressante, le Père Lacordaire se reprit, et au lieu de maudire les passions, il se surprit à les bénir ; au lieu de jeter sur elles une malédiction suprême, il demanda pour elles la pitié. « La passion dans l'homme, dit-il, est le glaive de l'amour, et celui qui voudrait le lui ravir à cause des maux dont il est l'instrument, serait semblable à l'infortuné qui voudrait briser la lyre d'Homère parce qu'Homère a chanté les faux dieux. Ah ! ne brisez pas la lyre ! Prenez-la des mains du poëte aveugle, et chantez sur elle le nom, les bienfaits et la gloire du Dieu visible. Chantez, la terre vous écoute et le ciel vous répond ; car la lyre d'Homère est aussi la lyre de David, et la passion qui tue l'homme a sauvé le monde au Calvaire. »

Ne vous effrayez donc pas, si vous sentez bouillonner en vous d'ardentes passions. Loin d'en vouloir au Créateur qui a permis que les instincts inférieurs opposassent une résistance à vos plus saints désirs, remerciez-le. Ces obstacles, dit saint Thomas, sont pour la vertu une occasion perpétuelle de se perfectionner, de monter à une vigueur, à une intensité qu'elle n'eût jamais atteinte si elle n'avait été obligée à cette lutte. Nous possédons dans nos passions un puissant levier pour écarter les difficultés que nous rencontrons sur les chemins du bien ; un stimulant qui excitera les forces de nos âmes chaque fois qu'il s'agira d'accomplir une bonne action et d'en exécuter une plus parfaite, demandant plus d'énergie et plus de décision (1).

« Il en est, en effet, des passions comme des énergies de la nature, dit le P. Janvier, les plus redoutables peuvent devenir les plus précieuses : les chevaux de sang abandonnés à leur humeur sauvage vous jetteront dans les précipices, la foudre et le feu laissés à leurs caprices dévoreront le monde, l'intelligence aura pour le mal des idées de génie, la volonté des obstinations qui défieront en quelque sorte la bonté de Dieu même. Imprimez à ces puis-

---

(1) S. THOMAS. — *De Veritate*, Quest. XXVI, art. 7.

sances une direction, mettez leur des rênes que vous tiendrez d'une main ferme, vous en tirerez des services incomparables. « Le souffle de la tempête, chantaient les Saxons, aide nos rameurs ; les mugissements du ciel, les coups de la foudre ne nous nuisent pas ; l'ouragan est à notre service et nous jette où nous voulons aller. »

Tous les hommes dont s'honore l'humanité et qui ont laissé des traces profondes de leur passage sur la terre, étaient des natures passionnées. Ce fut là précisément la raison pour laquelle ils se sont élevés au-dessus du niveau ordinaire de la grandeur humaine. Sans passions, a-t-on dit, point d'hommes possibles ; sans grandes passions, point de grands caractères, point d'actions qui captivent et entraînent le monde.

Jeunes gens, devenez forts, afin de ne pas laisser la passion mettre sur votre vie sa cruelle et odieuse flétrissure. Apprenez à commander à vos instincts et à les faire servir à vos généreux desseins. Alors seulement vous serez des hommes en pleine possession de toutes leurs énergies, rien en vous ne viendra les affaiblir en les divisant (1).

---

(1) Lectures recommandées : *Les Traités de la Concupiscence et du Libre arbitre*, de BOSSUET ; — *Les Conférences de Toulouse*, du P. LACORDAIRE ; — *Les Passions*, du P. JANVIER (Lethielleux, Paris).

V

Peut-on devenir un homme de caractère?

V

Peut-on devenir un homme de caractère?

Après avoir constaté la nécessité d'être des hommes au vouloir robuste, nous devons résoudre la question que se pose tout esprit sérieux : *Est-il possible de devenir un homme de caractère ?*

Si nous considérons un enfant, que remarquons-nous ? Chez lui nous voyons des désirs qui sans cesse succèdent à d'autres désirs. Il est gouverné par l'impression du moment et subit toutes les influences du dehors et du dedans. Il peut y avoir quelquefois de l'entêtement, mais il n'y a pas à proprement parler d'actes de volonté.

Laissez grandir cet enfant. Alors quels changements! Il y a quelques années vous pouviez lui faire dire oui ou non, le conduire ici ou là. Dans toutes ses actions, il agissait sous la motion d'une volonté étrangère ou sous celle de l'instinct et du caprice. Aujourd'hui, il sait ce qu'il veut, pourquoi il veut. Il se propose un but, recherche les moyens qui l'y conduiront le plus sûrement, et il les prend. Rien ne peut le faire dévier de la ligne de conduite qu'il s'est tracée. La différence entre l'enfant et l'homme, c'est que l'homme est devenu capable de fixer son attention, de contrôler les mouvements de sa nature, d'utiliser les forces dont il dispose; en un mot, il est maître de lui-même, tandis que l'enfant était à la merci du monde et des choses.

Quelle est la cause de cette transformation ? — Un élément nouveau a-t-il été introduit dans cette vie ? Non. Cet enfant avait en lui une faculté, la volonté : et sous l'influence de causes physiques et morales, elle a atteint son plein épanouissement. Voilà le fait. Tout d'abord nous ne savions pas et nous ne pouvions pas vouloir, puis nous savons et nous pouvons vouloir. Notre faculté a donc subi une évolution, un perfectionnement.

Cherchons maintenant l'explication de ce fait. — La première qui se présente à l'esprit est celle qui ressort de la notion que nous nous formons de la volonté. La volonté, nous le savons, est ce pouvoir qu'a l'âme de se déterminer avec réflexion et conscience à une action de son choix. C'est une puissance, une énergie.

Or, s'il est une chose que nous avons souvent constatée au point de vue physique, c'est que toutes les forces sont susceptibles d'accroissements. Notre corps en est une démonstration vivante. Nous développons, nous assouplissons nos muscles par l'exercice. Nous sommes témoins du même phénomène pour nos facultés intellectuelles. Enténébrée et ne jetant que de vagues lueurs chez l'enfant, l'intelligence devient claire et lumineuse chez l'adulte au fur et à mesure que son esprit acquiert de nouvelles connaissances. Nos études n'ont pas d'autre but que de développer cette faculté. Beaucoup en naissant, — et on aime à le dire des enfants, — sont de petits génies en herbe, mais pour la plupart, faute de culture, l'heure de la moisson ne viendra jamais.

Il en est de même de la volonté. C'est, a-t-on dit (1), un germe obscur qu'un coup de vent a détaché, et qui se mêle aux cailloux du chemin, aux feuilles jaunies de l'automne. Qu'un peu de terre vienne à le couvrir, que l'eau du ciel l'arrose, que quelques rayons l'échauffent, il se lèvera, humble encore et pourtant plein d'avenir. Laissez maintenant passer sur lui l'air libre; appelez tous les vents qui ébranlent et qui déracinent: l'arbrisseau grandira, plus ferme et plus vigoureux après la tempête qui aura secoué ses branches et arraché ses feuilles. Enfin, faites succéder les orages aux orages, les rameaux se tordront dans la résistance, et le gland que vous fouliez aux pieds, et l'arbuste que vous dédaigniez sera devenu le chêne, l'arbre aux tempêtes, le vainqueur de l'ouragan, l'hercule de la forêt; il sentira encore passer au travers de sa nerveuse ramure des souffles orageux, mais si sa ramure s'agite, son tronc ne faiblira pas et, cramponnées au roc, ses racines immobiles lui donneront le calme de tout ce qui est puissant et éternel.

---

(1) P. DIDON. — *Deux problèmes religieux : l'âme et l'infini.*

La volonté, ainsi que toute force, peut se développer. Mais, comme dans une grande mesure elle échappe aux étreintes de la matière, son développement ne connaît pas les limites qui fatalement circonscrivent l'expansion des forces physiques. Nos muscles peuvent se fortifier et s'assouplir par l'exercice ; mais un jour viendra où, parvenus à un certain degré de vigueur et d'élasticité, ils se lasseront ; la fibre s'usera, et quoi que nous fassions, elle ne deviendra ni plus flexible, ni plus résistante.

Nulle puissance humaine ne saurait entraver la marche hardie de la volonté et fixer un terme à sa croisance. Sans doute, faculté liée à des organes et dépendante de l'intelligence, elle subira leur sort. Que l'intelligence se voile, la volonté est dans le désarroi ; que le corps subisse certaines atteintes, sans une réaction vigoureuse la volonté fléchit ; que des lésions organiques s'opèrent dans le cerveau et brisent les centres moteurs, c'en est fini. Mais, si tous ces organes restent sains, la volonté, comme le cœur qui reste toujours jeune, peut grandir sans cesse, tant qu'elle n'aura pas atteint cette perfection, toujours limitée, hélas ! à laquelle une nature créée est en droit d'aspirer. La volonté peut être aussi forte dans l'âme d'un vieillard, saisi déjà par le froid de la mort, que dans celle pleine de vie, de désirs et d'enthousiasme du jeune homme. La vertu n'a pas de cheveux blancs, elle reste toujours fraîche et sans rides, ravissante comme une fiancée.

* *

Beaucoup de jeunes gens pour se dispenser de travailler à devenir des hommes de caractère et rester sans trop de remords dans une douce médiocrité, allèguent les infirmités de leur nature. Que voulez-vous, affirment-ils sur le ton d'une révoltante indifférence, je suis venu au monde sans caractère, ce n'est pas ma faute. Et comme on ne se refait pas, je n'ai que la ressource de rester ce que je suis, en passant ma vie le plus tranquillement possible.

C'est une singulière philosophie, il faut l'avouer, que celle qui affirme que *la vertu est une affaire de tempérament*. Je ne sais pas si elle a contribué à façonner des honnêtes gens, mais ce que je constate tous les jours chez les jeunes gens, et même chez ceux qui ne le sont plus, c'est qu'elle enfante une légion de mauvais sujets.

« Il n'en est pas un de nous, disait le P. Lacordaire, qui n'ait en lui la racine d'un saint et aussi celle d'un scélérat. » Tous nous sommes susceptibles d'une formation morale. S'il en était autrement, il faudrait conclure que l'homme, placé par Dieu, suivant l'Écriture, un peu au-dessous des anges, est inférieur à la plante et à l'animal.

Désireux d'imprimer d'une façon indélébile dans l'esprit de ses compatriotes, l'idée que toute l'éducation du caractère repose sur un véritable dressage, Lycurgue eut recours à la démonstration suivante :

Un jour que les Lacédémoniens étaient assemblés sur la place publique, il fit amener deux chiens et les lâcha après avoir mis à leur portée un lièvre vivant et une assiette de viande. Le premier se précipita à la poursuite du lièvre, le second sur l'assiette.

Comme les Lacédémoniens regardaient sans comprendre, il leur dit : « Ces deux chiens sont nés du même père et de la même mère ; comme j'ai donné à chacun d'eux une éducation différente, l'un est devenu chasseur, l'autre gourmand. Il en sera de même de vos enfants ; ils seront courageux ou lâches selon l'éducation que vous leur donnerez. »

« On a bien trouvé, dit saint François de Sales en son suave langage, le moyen de changer les amandiers amers en amandiers doux, en les perçant seulement au pied, pour en faire sortir le suc ; pourquoi est-ce que nous ne pourrions pas faire sortir nos inclinations perverses, pour devenir meilleurs ? Il n'y a point de si bon naturel qui ne puisse être rendu mauvais par des habitudes vicieuses ; il n'y a point aussi de naturel si revêche qui, par la grâce de Dieu premièrement, puis par l'industrie et la vigilance, ne puisse être dompté et surmonté. »

L'homme ne vient pas au monde avec un caractère tout fait comme le prétendent certains philosophes ; le caractère n'éclate pas d'un coup, par explosion, vers la trentième ou la quarantième année, ainsi que d'autres l'enseignent ; nous possédons les germes, les premiers linéaments de notre caractère, et c'est à nous qu'il appartient de les développer.

On a souvent comparé notre âme à un champ où croissent également de bonnes et de mauvaises herbes. Pour le cultiver, nous pouvons nous faire aider par d'autres, et c'est le rôle des éducateurs, mais la grande part du travail nous revient, et pour celle-là, personne ne peut nous suppléer. Il faut entrer résolument dans ces broussailles, puis couper, tailler, émonder, de façon à donner de la lumière et de l'air aux bonnes inclinations qui ne demandent qu'à vivre et à se développer.

L'exemple du duc de Bourgogne, petit-fils de Louis XIV, nous montre bien à quel point l'éducation et les efforts personnels peuvent améliorer le naturel. C'est un exemple entre mille autres.

« Ce prince, dit Saint-Simon dans ses *Mémoires*, naquit terrible, et sa première jeunesse fit trembler : dur et colère jusqu'aux derniers emportements et jusque contre les choses inanimées ; impétueux avec fureur, incapable de souffrir la moindre résistance, même des heures et des éléments, sans entrer dans les fougues à faire craindre que tout ne se rompît dans son corps ; opiniâtre à l'excès, passionné pour toute espèce de volupté.... »

Si la doctrine de ceux qui prétendent qu'on ne peut modifier son caractère, était vraie, cet enfant aurait dû devenir un de ces vicieux d'autant plus terribles que rien ne leur résiste et qu'ils ont tout à discrétion pour satisfaire leurs passions. C'est cependant le contraire qui arriva.

Le duc de Beauvilliers, secondé par Fénelon et par l'abbé de Fleury, « travaillèrent sans relâche à corriger cet effrayant naturel ; puis, dit toujours Saint-Simon, Dieu aidant, quand le prince eut atteint sa dix-huitième année, l'œuvre fut accomplie, et de cet abîme sortit un prince affable, doux, humain, modéré, patient, modeste, pénitent, et autant et quelquefois au delà de ce que son état pouvait comporter, humble, austère pour soi. »

Est-ce à dire que nous venons tous au monde également riches des dons de la nature ? Non. Sur la tête de l'enfant qui ouvre pour la première fois les yeux à la lumière planent les innombrables influences du passé. Le sang qui coule dans ses veines charrie des germes de vertu ou des semences de mort. Nous continuons la vie de nos pères, et sur nos faibles épaules nous sentons peser le poids de leurs excès.

« La nature est, si j'ose le dire, un tribunal secret, sa juridiction patiente, inaperçue, ne laisse rien échapper ; elle connait les fautes qui se cachent aux yeux de l'homme et que ses lois ne peuvent atteindre. Ses décisions, souveraines, éternelles comme tout ce qui émane des premiers principes, produisent sur les générations leurs effets inévitables, et le petit-fils qui médite avec désespoir sur le mystère de ses souffrances peut e trouver la cause dans les excès de ses aïeux » (1).

Personne ne nie ce principe de l'hérédité organique et de l'hérédité morale. La science l'a affirmé jusqu'à l'exagération ; « elle a répété que la santé physique, que la vigueur intellectuelle, que les dispositions morales nous venaient de nos ancêtres, que notre personnalité n'était que le produit des énergies du passé, que le résultat du travail opéré par le temps. C'est d'abord dans le corps et dans la constitution que l'on retrouve les traces d'actes qui se sont évanouis. Nul de vous n'ignore que les maladies entrées dans le sang se communiquent avec lui ; qu'à notre premier jour la conformation normale ou vicieuse du corps, des nerfs, du cerveau dépend, d'une manière souvent désespérante, des tempéraments sains ou détraqués des pères qui ont engendré. Par suite du commerce intime du corps avec l'âme, les tares de la chair agissent presque fatalement sur l'esprit, de sorte que les fils des débauchés sont des voluptueux, les fils des lâches sont des lâches, les fils des tribus menteuses sont menteurs, les fils des braves sont braves, les fils des héros sont héroïques, encore qu'il convienne d'admettre des exceptions à cette règle et de sauvegarder l'autorité et les droits de la liberté » (2).

---

(1) FEUCHTERLEBEN. — *Hygiène de l'âme*.
(2) P. JANVIER. — *Le vice et le péché*, 5ᵉ Conférence.

Alors, direz-vous, parler de formation du caractère est chose inutile, puisque nous subissons les conséquences des fautes de nos ancêtres. Ils étaient vicieux, fatalement nous le serons.

Sans doute, tandis que du fait de l'hérédité, les uns naissent avec des inclinations bonnes qui les aident puissamment dans l'accomplissement du devoir et leur rendent plus facile et plus rapide la course vers l'idéal ; les autres, dès leur jeune âge, ploient sous le poids de secrètes infirmités et rencontrent à chaque pas, sur le chemin de la vertu, des obstacles qui ralentissent et alourdissent leur marche. Pour les uns, la pratique du bien est comme naturelle ; pour les autres, c'est un vrai martyre.

Notre devoir est de lutter contre les tendances vicieuses que nous apporte l'hérédité. Dans une grande mesure nous pouvons y échapper. Nous avons un tempérament, à nous de l'étudier, afin de le corriger s'il en a besoin, et de l'utiliser pour le bien. Nous avons des défauts, et qui donc n'en a pas au lieu de nous perdre en stériles et larmoyantes récriminations, mettons-nous résolument au travail afin de les extirper de notre âme. C'est là le grand honneur de l'homme : triompher par sa volonté, par sa vertu des infirmités de la nature et maintenir toujours la chair sous la domination de l'esprit.

Nous sommes donc les artisans de notre caractère « Il y a du Phidias en chacun de nous. Chaque homme est un sculpteur qui doit corriger son marbre ou son limon, jusqu'à ce qu'il ait fait sortir de la masse confuse de nos instincts grossiers un personnage intelligent et libre. » (Edgard Quinet).

Si nous avions le pouvoir de modifier les traits de notre visage, quels soins nous y apporterions ! Nous étudierions les plus beaux modèles afin de nous composer une physionomie idéale. L'un voudrait plus d'éclat dans ses yeux, l'autre plus de délicatesse dans le plissement de ses lèvres. Que sais-je encore ? Rien ne nous échapperait ni la couleur des cheveux, ni la blancheur des dents. Hélas! diront certains, malgré nos efforts, malgré les nombreux ingrédients pharmaceutiques, il n'est pas en notre pouvoir de transformer un pauvre visage. Tout ce que nous pouvons faire c'est de dissimuler les ravages du temps et de la souffrance, de replâtrer ce qui se désagrège, de noircir ce qui blanchit trop vite.

Il n'en va pas de même pour notre âme. Tous nous pouvons composer sa physionomie, façonner notre caractère. Nous n'arriverons peut-être pas à quelque chose d'extraordinaire. Ce n'est pas nécessaire. Dieu ne nous demande que de faire fructifier le talent qu'il nous a confié. A nous de faire valoir ou de laisser improductif ce don du Créateur. Nous sommes libres. De son bon ou de son mauvais usage dépend notre élévation ou notre déchéance, et finalement notre glorification ou notre malédiction.

A l'œuvre donc! la chose en vaut la peine.

Sans parler de notre intérêt personnel qui est ici en jeu, l'intérêt et l'avenir de la société le demandent. Notre pays a besoin d'hommes de caractère, aux mœurs intègres, capables de se dévouer généreusement à la chose publique, et forts pour résister au mal qui menace de nous submerger. L'Eglise de Dieu a besoin de tels hommes pour accomplir sa mission sur la terre et pour construire dans les cieux cette bienheureuse cité, où elle doit nous enchâsser un jour comme des pierres vivantes, après que nous aurons été polis par les épreuves et les angoisses.

C'est l'austérité de la vie que je vous demande et vous m'accuserez peut-être de cruauté! Ne craignez pas; ces épines, dont je veux entourer votre jeunesse comme d'une haie protectrice, sont plus apparentes que réelles, et s'il y a un peu de souffrance, les roses qui s'y épanouissent sont d'un coloris si frais et d'un parfum si délicat qu'elles nous dédommagent amplement.

Quand il s'agit d'acquérir des biens matériels, nous ne craignons pas les pénibles travaux, et pour notre grandeur morale, la seule véritable puisqu'elle ennoblit ce qu'il y a de plus élevé en nous et qu'elle ne passe pas, nous ne serions pas capables d'un effort? Je ne veux pas le croire. J'ai de la jeunesse une meilleure opinion. Je sais, que malgré des lâchetés et des défaillances, il y a en elle d'immenses ressources pour le bien.

VI

La connaissance de soi-même.

VI

La connaissance de soi-même.

Le premier soin d'un ouvrier qui veut produire une œuvre d'art, c'est, après avoir fortement conçu son plan, d'étudier la matière qu'il aura à façonner et les outils dont il devra se servir. Nous devons agir de même si nous voulons mener à bonne fin l'œuvre capitale de notre formation morale. Avant de nous mettre au travail, essayons de nous connaître, de scruter les profondeurs de notre être moral, afin de voir ce qu'il y a en lui de mal à faire disparaître, de défauts et de vices à extirper ou dont il y a lieu de se garder ; afin aussi de constater le bien, vertus et qualités, à conserver et à fortifier si on les possède, ou à acquérir si on en est dépourvu.

La connaissance de soi-même est donc d'une souveraine importance, et cependant, les hommes qui s'ignorent sont légion. La plupart vivent aussi étrangers à eux-mêmes que le sont à nous certaines régions de l'Afrique ou de l'Océanie que nous ne connaissons que de nom. Alors ne se connaissant pas, ils n'ont nullement le désir de se cultiver, de travailler à leur perfection, et même, si en un jour d'enthousiasme pour la vertu ou dans une heure de sincérité ils en avaient conçu le dessein, comment pourraient-ils mener à bien cette difficile entreprise ?

Cette ignorance de soi-même est le mal de tous les temps. Pascal nous en donne la raison : « L'homme se fuit, dit-il, parce qu'il se craint » (1). On a peur en s'étudiant de découvrir trop de laideur dans sa conscience, et comme on veut vivre sans déplaisir dans sa propre compagnie, on trouve plus simple de fermer les yeux et de se décerner sans examen un brevet de sainteté ou tout au moins d'honnêteté.

Dans une comédie, quelqu'un ayant dit cette banalité : « Je ne vais que chez les gens que j'estime, » un homme d'esprit lui répond : « Si on n'allait que chez les gens qu'on estime, il y a des jours où l'on ne pourrait pas rentrer chez soi » (2). De plus, quand on se connaît, on mesure mieux toute la grandeur de la tâche à accomplir. On prévoit qu'il y aura de rudes sacrifices à faire, et comme instinctivement notre nature a horreur de l'effort et de la peine, on aime mieux ne pas voir. Les malades agissent souvent ainsi. Ils évitent de s'éclairer sur leur état, afin de s'épargner les soucis d'un traitement médical que

---

(1) PASCAL. — *Pensées.*
(2) F. COPPÉE. — *La Bonne Souffrance*, p. 253.

leur imposerait la connaissance nette du péril qui les menace. Aussi voyez la crainte qu'ont les hommes de rester en tête à tête avec eux-mêmes. Pour s'éviter, ils usent de toutes les combinaisons et de toutes les rouxeries. Ils ont toujours dans leur poche un journal ou un roman pour parer à toute éventualité. Sont-ils seuls un instant, aussitôt ils se plongent dans le fait divers ou dans l'histoire d'aventures. Le péril de rentrer en soi-même est ainsi conjuré.

Mal de tous les temps, cette horreur de la vie intérieure est surtout celui de notre époque. Ce qui crève les yeux quand on regarde le monde qui tourbillonne autour de nous, *c'est sa passion de la frivolité*. Formé par une littérature et par des journaux qui ne parlent que d'amusements et de mondanités, l'esprit de nos contemporains est d'une légèreté incroyable dans sa façon de penser et de juger de tout. Il ne s'arrête qu'à ce qui miroite et éblouit. Un comédien ou un cheval de course passionne la foule plus que les grandes idées ou les beaux gestes. On vit et on agit, pour la galerie. On tire plus de gloire d'une toilette, d'un menu ou d'un trait d'esprit que d'une action vertueuse. C'est vraiment dans l'opinion, dans la littérature, dans les arts et dans toute la vie, le règne de la frivolité la plus niaise. Cela ne doit pas nous étonner. Ce n'est plus, en effet, la raison qui nous gouverne, mais l'imagination avec ses caprices et ses extravagances.

« On se jette dans les étourdissements, dans les affairements des petites choses multiples ; la vie n'est plus occupée, mais encombrée comme les salons. On ne demeure pas, on n'habite même pas, on campe ; on ne meuble plus, on décore ; on ne cause plus, on babille ; la vie se morcelle, s'éparpille et s'en va en mouvements si tenus et si multiples qu'on ne sait plus ni ce qu'on a fait, ni ce qu'on va faire, ni ce qu'on fait, ce n'est plus qu'une poussière qu'un vent balaie. Dispersée et dissipée en nuage, l'âme ne s'appartient plus » (1).

Comment parvenir à cette connaissance de soi-même ? — Le moyen est très simple, c'est la pratique régulière et méthodique de ce que les moralistes appellent *l'examen de conscience*. Ne vous imaginez pas que ce soit une chose exclusivement réservée aux moines. Sans doute les fondateurs d'Ordres qui voulaient la perfection de leurs religieux et qui pour cela devaient tout d'abord les conduire à la conquête d'eux-mêmes, ont fait de l'examen un point de leurs règles. Avec saint Ignace de Loyola et d'autres mystiques plus modernes, cet exercice s'est en quelque sorte codifié et a paru prendre une plus grande importance. Il existait cependant avant eux. L'oraison du matin et la récollection du soir ont toujours été des temps durant lesquels les âmes devaient, sous le regard de Dieu, se retrou-

---

(1) FONSEGRIVES. — *Essai sur le Libre arbitre*, p. 477.

ver et se ressaisir. De plus, le silence, cette grande religion des cloîtres, si favorable au recueillement et à la surveillance de ses actions et de ses sentiments, n'a-t-il pas toujours été de rigueur ?

Tous ceux, païens ou chrétiens, qui ont eu le souci sérieux de leur perfectionnement moral, avaient soin de faire chaque jour l'inventaire de leur âme. Pythagore obligeait ses disciples à s'examiner matin et soir sur les points suivants : « Qu'ai-je fait ? Comment l'ai-je fait ? Qu'ai-je omis de faire ? » Sénèque recommandait fortement de se poser ces trois questions : « Aujourd'hui, de quel défaut me suis-je corrigé ? Quel vice ai-je combattu ? Quel progrès ai-je accompli ? » et il affirmait que rien n'est plus beau que cette coutume d'examiner ainsi sa journée entière. Franklin avait même établi, dans son *Livret des treize vertus*, — beaucoup de jeunes gens trouveront cela puéril, — une comptabilité écrite, par doit et avoir, de ce qui lui manquait et de ce qu'il avait eu en trop, des valeurs positives et des valeurs négatives, avec un compte de profits et de pertes soigneusement tenu. « J'espérais bien, disait-il avec la candeur naïve d'une petite religieuse, en comparant une journée avec la précédente, avoir l'encourageant plaisir de voir sur mes pages les progrès faits dans une vertu, à mesure que je débarrasserais mes lignes de leurs mauvais points, jusqu'à ce qu'à la fin j'eusse le bonheur de voir mon livret clair et net. » Faut-il citer des exemples plus modernes. Garcia Moreno, le président martyr de la République de l'Équateur, s'était fait une règle inflexible de son examen, et on sait comment cet homme énergique tenait une résolution. « Chez quiconque a le souci d'un perfectionnement moral, dit notre poète François Coppée, l'examen de conscience est un besoin (1). » Tout récemment M. Paul Doumer recommandait cette pratique à la jeunesse, et il n'avait pas honte de dire qu'il avait été lui-même un fervent de l'examen, vers sa dix-huitième année (2).

Quand arrive le calme du soir, et que le moment de prendre votre repos est venu, réservez-vous quelques instants où seuls, devant Dieu, vous pouvez faire le bilan de votre journée. Sur le chemin de la vertu, avez-vous avancé ou reculé ? Faites cette constatation avec une grande simplicité, mais aussi avec une entière loyauté. A quoi bon s'examiner pour se tromper soi-même ou s'excuser. Laissez parler votre conscience. Elle a été le témoin fidèle de toutes vos actions et de vos moindres désirs.

Dans cet examen, il faut avant tout éviter *l'écueil du superficiel*. Certaines âmes ressemblent à ces maisons où, de loin, tout semble être disposé dans un ordre parfait. Entrez, visitez en détail chaque appartement, vous constaterez de graves défauts

---

(1) *La Bonne Souffrance*, XVIII.
(2) *Livre de mes fils*, p. 74.

de tenue et de propreté. Si vous vous contentez de jeter un coup d'œil rapide sur votre intérieur, vous ne remarquerez rien de bien particulier, et la conclusion sera infailliblement celle-ci : aujourd'hui j'ai été, comme à l'ordinaire, menteur, égoïste, et le reste. Ce petit refrain vous pourrez, sans beaucoup de variantes, le fredonner chaque soir. Ne vous imaginez pas alors avoir fait un examen de conscience. Vous avez simplement perdu votre temps. Ne craignez pas d'entrer dans le détail. Qu'aucun des sentiments qui se sont fait jour dans votre cœur et des passions qui l'ont agité ne vous échappe. Allez jusqu'au mobile de vos actions, afin de bien connaître la cause de vos défaites ou de vos victoires.

Certains ne font porter leur examen que sur les fautes graves. Que l'on permette cela à ceux qui ne fouillent leur âme qu'à Pâques humblement, je l'accorde, mais pour ceux qui font chaque jour cet examen, c'est inadmissible. Si vous négligez les petites choses, vous n'aurez pas souvent, il faut l'espérer, matière à examen, nos vies n'étant d'ordinaire qu'un tissu de mille petits riens. Ne savez-vous pas que les fautes légères peuvent avoir de graves conséquences? Ce sont, d'après la Sainte Écriture, les petites infidélités qui amènent les grandes.

Il existe en France des monuments historiques; vieilles reliques du passé qui sont pour les générations présentes, en même temps qu'une gloire précieuse, une perpétuelle leçon de foi et d'énergie. On veut conserver contre les morsures du temps ces édifices qui ont échappé aux destructions impies des révolutions. Pas une pierre ne s'en détache qu'aussitôt des inspecteurs ne la fassent remplacer. Aussi ces monuments constamment réparés défient les siècles. Toute faute légère est une pierre qui se détache de notre édifice moral. Laissez ces destructions partielles se multiplier ; un jour, sous l'effort d'une violente tempête, tout s'écroulera. *Qui spernit modica paulatim decidet.* Vous ne veillez pas aux chutes légères, à bientôt la ruine.

Il est un point sur lequel il faut fixer notre attention et qui doit nous retenir davantage au moment de l'examen. Tous nous avons *une passion dominante*, véritable tyran intérieur qui ne cherche qu'à nous asservir. Pour les uns, c'est la cupidité ; pour les autres, l'orgueil ; pour le plus grand nombre des jeunes gens, c'est la sensualité. Il faudra découvrir cet ennemi domestique, mesurer exactement quelle influence il exerce sur notre vie. C'est contre lui que nous devrons diriger tous nos efforts, car c'est de lui que viennent les principales lacunes de notre vie morale. Le navigateur qui fait voile dans des parages dangereux, sur un navire déjà avarié, surveille les récifs, observe le vent et les étoiles ; mais où sa vigilance est particulièrement attentive, c'est à fond de cale, près de cette fissure mal fermée, par laquelle une voie d'eau s'est déclarée tout à l'heure et peut se rouvrir encore. Quelqu'un s'y tient en permanence, prêt à manœuvrer la pompe au premier signal. Notre point faible, cause déjà de plus d'une avarie, peut-être même de naufrages, c'est notre passion dominante. C'est sur elle que nous devons toujours avoir l'œil ouvert.

Voilà la première partie de l'examen de conscience : c'est une sorte de constatation ou mieux de confrontation de chacune de nos actions avec la loi de Dieu, avec notre idéal.

Si nous avons le bonheur d'enregistrer des victoires sur nos passions, si pendant le jour nous nous sommes conduits en hommes d'honneur et en vrais chrétiens, réjouissons-nous. Ne soyons pas de ceux qui, sous prétexte d'humilité, ne veulent jamais voir le bien qui est en eux. Soyons-en fiers, et aussitôt, avant tout retour sur nous-mêmes, faisons-en remonter la gloire à celui qui en est le véritable auteur, à Dieu, sans l'aide duquel nous n'aurions jamais pu l'accomplir. Il faut, nous ne le nions pas, éviter de s'enorgueillir. L'orgueil, qui jette l'homme hors de sa place et fait de lui un déraciné, est funeste. L'expérience nous montre qu'on n'est jamais plus près de faire une sottise qu'au moment où on s'applaudit trop fort d'un succès.

Si au contraire, et cela arrivera souvent, vous devez constater beaucoup de fautes et de manquements, votre devoir est alors de vous humilier, de regretter sincèrement les défaillances de votre volonté et de vous imposer une pénitence suivant la nature de la faute. Vous avez, par exemple, outragé dans votre corps la belle vertu de pureté, pourquoi, afin de dompter ce corps rebelle, que l'on doit traiter en esclave et qui ne redoute que les coups, ne lui donneriez-vous pas une vigoureuse discipline. Pour vous punir de vos écarts de langage, de vos trop faciles médisances, imposez-vous quelques minutes de silence. Vous avez manqué de sobriété dans le boire ou dans le manger, abstenez-vous pendant un certain temps de l'usage du vin, des liqueurs ou d'autres aliments.

Ne criez pas à l'exagération et ne supposez pas que mon intention est de vous ramener aux pratiques austères des vieux moines de la Thébaïde. Ces solitaires, et après eux tous les chrétiens qui les ont imités, en agissant ainsi, nous montrent qu'ils avaient une profonde connaissance de la nature humaine. C'est une loi psychologique que toute douleur attachée volontairement à une faute nous détache de celle-ci, rend son image moins agréable, et lui enlève ses attraits.

**

Dans la seconde partie de votre examen, vous devez vous mettre résolument en face de l'avenir.

Pour assurer cet avenir que vous voulez meilleur, *il est indispensable de prendre des résolutions*. Je sais que ce mot fera sourire beaucoup de mes lecteurs. Ne s'imagineront-ils pas que je m'égare et que je les traite comme les fillettes de nos pensionnats. Quoique vous puissiez en penser c'est là une chose nécessaire dans la vie morale. Le mot peut-être vous gêne, il fleure trop la mystique. Qu'à cela ne tienne; appelez la ch... comme il vous plaira, pourvu que vous l'admettez, le reste m'est parfaitement égal.

Vouloir ce qui est nécessaire pour éviter le mal ou pratiquer le bien est une condition indispensable pour tout progrès moral. Sans ce but marqué d'avance, sans ces moyens choisis pour l'atteindre, vous resterez livrés aux poussées aveugles de l'instinct, aux caprices des impressions; vous piétinerez sur place ou vous vous enlizerez plus à fond dans de déplorables habitudes.

Pour qu'une résolution soit efficace, il ne suffit pas qu'elle ait la forme de résolution, mais elle doit avoir certaines qualités. C'est, avant tout, *la précision*. Il faut qu'elle montre très exactement ce que l'on veut. Il est à craindre que le jeune homme qui se dit intérieurement, même avec beaucoup de sincérité : je serai vertueux, ne fasse rien pour le devenir. C'est trop vague. Dites plutôt : Je veux acquérir telle vertu : la pureté. C'est plus clair. Vous voyez aussitôt à quoi vous vous obligez : au respect de votre corps et de votre âme; non seulement à ne pas commettre d'actions impures, mais aussi à ne pas les désirer et à ne pas y arrêter volontairement votre pensée. Et étant donnés votre tempérament, vos habitudes antérieures, vos fautes passées, vous voyez également sur quel point précis devront porter vos efforts. En second lieu, cette résolution doit être *réalisable*. Dans un bel élan de ferveur, vous vous dites : c'est une affaire entendue, je serai un saint ; et dans l'innombrable catalogue des saints vous choisissez un modèle. Sans doute avec la grâce de Dieu tout est possible ; mais connaissant vos dispositions présentes, n'est-ce pas chimérique ? Aussi cette décision n'aura aucune influence pratique sur votre vie. Si au contraire vous preniez celle de vous corriger de la paresse à l'étude, ce serait plus utile, parce que plus immédiatement réalisable. Devenir un travailleur, n'est pas au-dessus de vos forces. En troisième lieu, cette résolution doit vous apparaître comme *nécessaire*. C'est ce qu'il faut faire dans les circonstances présentes. Vous êtes l'esclave d'une mauvaise habitude, préjudiciable et à la santé de votre âme et à celle de votre corps. Si véritablement vous voulez retrouver la santé physique et la santé spirituelle, vous vous dites qu'il est indispensable que vous ne commettiez plus telle faute. Alors pour l'éviter vous prenez les moyens qui vous conduisent à ce résultat. Vous ne pouvez pas sortir de là. Enfin, la résolution doit être *décidée*. Je veux telle fin et pour y arriver tels moyens. Rien ne me fera dévier de cette voie où je m'engage, je le veux. C'est d'ordinaire à cause de la faiblesse de nos vouloirs qu'échouent toutes nos tentatives, qu'avortent misérablement tous nos projets. On veut et on ne veut pas. On voudra demain, mais pas aujourd'hui, et finalement on ne veut jamais.

Il y a un moyen de connaître la valeur réelle de vos résolutions : le voici. Ce que vous avez décidé de faire est exécutable de suite. Si vous ne perdez pas un instant et que vous l'accomplissiez aussitôt, c'est bien ; si au contraire vous retardez d'agir, c'est un signe que votre résolution était bien faible. Vous constatez dans votre examen que la principale cause de vos chutes est la lecture de certains mauvais livres de votre bibliothèque et vous prenez le parti de les détruire. Si véritablement vous voulez ne plus tomber dans ces fautes, vous n'hésiterez pas un seul instant à les jeter dans le feu ; mais si vous remettez à un autre moment ou si, après de nouveaux raisonnements, vous vous dites que c'est aller un peu loin, qu'à l'avenir vous serez plus fort, je crains beaucoup pour vos belles résolutions ; elle disparaîtront comme les brumes matinales sous les premiers rayons du soleil.

Si la résolution prise n'est réalisable que dans la suite, elle doit être plus énergique, plus lumineuse, mieux étayée sur les souvenirs du passé et les prévisions de l'avenir, autrement elle s'effacera bien vite, et l'heure venue de l'exécution, elle ne se présentera plus avec assez de vigueur pour s'imposer. C'est pour ce motif qu'au lieu de laisser dormir ses résolutions dans un coin oublié du cerveau, il est très utile, même quand on n'en a pas besoin, de se les rappeler. Le moment d'agir venu, ne discutez pas, parce que vous pourriez perdre la tête et être vaincu. En effet, comment voulez-vous qu'une résolution, souvent lointaine et froide comme beaucoup d'idées, puisse lutter avantageusement avec une sensation présente qui vous saisit tout entier ? Il faut accomplir hardiment ce que l'on avait décidé de faire. Nietzsche disait : « Une fois qu'une décision est prise, il faut fermer les oreilles aux meilleurs arguments contraires. C'est l'indice d'un caractère fort. Par occasion, il faut donc faire triompher sa volonté jusqu'à la sottise. » C'est aller un peu loin. La volonté doit toujours suivre la raison. Et là, la raison qui m'impose de réfléchir pour prendre une décision, me défend de la discuter quand le moment est venu de la tenir. Agir ainsi n'est donc pas une sottise, mais un acte raisonnable.

Voulez-vous tenir vos résolutions ? n'en prenez pas trop. Ceux qui en font de véritables collections, sont fort exposés à n'en tenir aucune. Une seule suffit, pourvu qu'elle soit bonne. Prenez celle qui vous est le plus nécessaire pour lutter efficacement contre votre défaut dominant. Attaquez-le résolument jusqu'à ce que vous soyez complètement maître du terrain. Votre âme pouvant ainsi tendre tous ses efforts vers ce but unique, est plus forte.

Si chaque année, dit l'auteur de l'*Imitation*, vous extirpiez un seul défaut, vous seriez bientôt parfait. » Franklin emploie une très belle image pour nous montrer la nécessité de circonscrire notre champ d'action. Il compare l'âme au jardin. « Le jardinier, dit-il, n'entreprend point d'arracher toutes les mauvaises herbes à la fois ; il travaille sur un seul carré d'abord, et, ayant fini, du premier passe à un second. » C'est la grande loi de la division du travail, applicable dans la vie morale comme dans l'industrie. « Sautiller de vertu en vertu, comme l'oiseau de branche en branche, écrit saint François de Sales, n'est pas pour faire un long voyage. » Il en donne la raison en son gracieux parler. « Quand les abeilles voltigent sur trop de fleurs, elles font moins de miel que quand elles s'arrêtent longtemps sur quelqu'une.... Choisissez donc, conclut-il, une vertu particulière et vous adonnez bien fort à son exercice, et vous verrez que vous avancerez beaucoup » (1).

Il faut vous mettre en garde contre un danger redoutable : *le découragement*, cette mort de la virilité, selon le mot du Père Lacordaire. A la vue de l'apparente inutilité de vos efforts vous serez

---

(1) *Esprit de saint François de Sales*, XI° partie, sect. XXV.

peut-être tenté de dire : A quoi bon tout ce travail, puisque je ne deviens pas meilleur. C'est chaque jour à recommencer, et il me semble qu'au lieu de faire des progrès dans le bien, je suis plus lâche qu'autrefois dans cette lutte contre mes passions. Pourquoi combattre si je dois être un perpétuel vaincu ? Ne faut-il pas mieux en prendre son parti, se laisser vivre en attendant des temps plus propices ?

En entreprenant cette œuvre de votre formation morale, espériez-vous atteindre la perfection dès le premier jour ? La réalité s'est chargée de dissiper cette naïve illusion. Vous voyez maintenant qu'au moins en règle générale, une résolution ne suffit pas pour amener un changement complet de vie. Vous êtes retombé dans les mêmes fautes, qu'y a-t-il d'étonnant à cela. Vous n'avez pas changé de nature et vous subissez encore l'influence néfaste d'habitudes antérieures qu'il faudra déraciner et remplacer par d'autres. C'est un travail qui demande beaucoup de temps, de patience et d'énergie. « Relevez votre cœur quand il tombera, dit le saint évêque de Genève, vous humiliant beaucoup devant Dieu pour la reconnaissance de votre misère, sans vous étonner de votre chute, puisque ce n'est pas chose admirable que l'infirmité soit infirme, et la faiblesse faible, et la misère chétive. »

« Lorsqu'un voyageur, en route vers les sommets d'une montagne, tombe dans une fondrière, sa chute n'a point nécessairement de conséquences fâcheuses aussi longtemps qu'il conserve la ferme volonté de continuer son ascension. S'il se hâte de secouer la boue de ses vêtements et de reprendre avec un courage nouveau sa marche interrompue, son aventure ne fait que lui procurer pour l'avenir une plus exacte appréciation des difficultés du chemin. Au contraire son accident se convertit en désastre, s'il vient à penser que la vallée est aussi intéressante à explorer que le sommet, que la fleur commune de la prairie est aussi précieuse que l'edelweiss, et que sa chute prouve simplement qu'il n'était pas fait pour gravir les pentes difficiles. Ainsi en est-il des défaillances de notre conduite : la valeur sociale d'une faute s'apprécie en raison des dispositions morales qu'elle engendre chez le coupable. Aux uns elle sert à mesurer leur misère et leur faiblesse, et comme ils veillent à entretenir en eux-mêmes la claire vision du bien et le souhait d'une vie meilleure, elle leur est une occasion de s'exciter à plus de vaillance et à plus de générosité. D'autres, au contraire, désertent la lutte, recherchent les excuses et les arguments débilitants, puis, peu à peu, l'accoutumance produit en eux comme une seconde nature, faite de perversité et de bassesse. Ce n'est plus le courage qui leur fait défaut, ils ont perdu la conscience de leur misère, ils ne désirent plus le bien et ils en viennent à construire je ne sais quelles doctrines avilissantes qui légitiment leurs actes et semblent leur donner un fondement rationnel. »

Donc pas de découragement. C'est une faute nouvelle ajoutée à une autre et dont les conséquences sont souvent plus désastreuses que la chute elle-même ; si vous laissez la tristesse envahir votre cœur, le peu de force qui vous restait s'évanouira, les fautes s'accumuleront et vous aurez plus de peine à sortir du bourbier. Vous avez échoué une fois, dix fois, mais recommencez encore, vous serez peut-être plus heureux. Le mot du fabuliste sera vrai pour vous :

> D'abord il s'y prit mal, puis un peu mieux, puis bien,
> Puis enfin il n'y manqua rien.

Alors même que votre vie ne serait qu'un perpétuel recommencement des mêmes efforts, vous ne l'auriez pas perdue. Un jour viendra où la paix promise aux hommes de bonne volonté vous sera accordée.

Vous connaissez l'histoire d'un célèbre conquérant tartare Tamerlan. Il tenait conseil après un combat malheureux. Tous ses lieutenants opinaient pour la retraite. En les écoutant, il avait vu le long de sa tente monter une fourmi, trois fois d'une chiquenaude il l'avait jetée par terre ; trois fois, sans perdre un instant, elle s'était remise à la tâche ! « Cette fourmi, dit-il, est plus sage que nous, et elle nous a marqué notre devoir : quand on est tombé, on se relève ; quand on a reculé, on avance ; quand on est vaincu, on recommence la bataille. En avant ! » Oui, en avant ! car si on se ressaisit et que de nouveau, mais plus vigoureusement, on attaque l'ennemi, on peut encore gagner une victoire, la journée n'est pas finie.

C'était à Marengo. Le jour était déjà avancé quand, après avoir lutté depuis l'aube, Bonaparte se vit obligé de battre en retraite pour la première fois. Tout à coup Desaix arrive avec des troupes fraîches. « La bataille est perdue, lui crie le premier Consul. — Perdue ! répond le général. Et tirant sa montre : « il n'est que deux heures, dit-il, nous avons le temps d'en gagner une autre. » Sur cette parole, aussitôt voici l'armée française qui reprend l'offensive. La bataille qui, à deux heures, était une défaite, se trouva être, à neuf heures, la grande victoire de la seconde campagne d'Italie. Bonaparte n'avait pas désespéré de la journée (1).

---

(1) Ouvrages à lire et à méditer : *Introduction à la vie dévote*, par S. FRANÇOIS DE SALES ; — *La Guide du Pécheur*, par Louis de GRENADE ; — *Pratique de la perfection chrétienne*, par RODRIGUEZ ; — *La vie intérieure simplifiée*, par le P. TISSOT (Delhomme et Briguet, Paris) ; — *Œuvres spirituelles*, de FABER (Retaux, Paris) ; — *Vie et vertus chrétiennes*, par Mgr GAY (Oudin, Paris) ; — *La vie avec Dieu*, par le T. R. P. FAUCILLON, O. P. (Lecoffre, Paris) ; — *Les Dons du Saint-Esprit*, par le T. R. P. GARDEIL, O. P. (Lecoffre, Paris).

VII

L'amitié chez les jeunes gens.

VII

L'amitié chez les jeunes gens.

L'amitié, dit-on, est une chose nécessaire. Que cette affirmation ne vous étonne pas. Je la trouve formulée un peu partout, dans les ouvrages des philosophes comme dans ceux des mystiques. A chanter ce besoin du cœur humain, nos poètes ont écrit leurs plus belles pages.

Si l'amitié est nécessaire à tous, elle l'est bien davantage à la jeunesse ; à cet âge où l'isolement est insupportable et où l'on a tant besoin de confident ; à cet âge où le cœur rempli de fougue et d'ardeur ne peut jeûner longtemps et où, à défaut d'affections saintes, il se repait si facilement d'amours sensuelles ; à cet âge où le découragement s'empare si rapidement d'une âme aux prises avec les difficultés de la vertu et où l'on sent si souvent le besoin d'être encouragé. L'ami sera cet ange gardien qui nous protégera contre le vice et contre notre propre cœur ; il sera ce bon Samaritain qui, aux jours de tristesse et de chute, viendra nous consoler et nous relever ; il sera aussi cet éveilleur d'énergie qui nous poussera toujours plus avant et toujours plus haut.

On raconte qu'à Sparte l'amitié faisait partie de la législation. Lycurgue avait ordonné à chaque guerrier de se choisir un ami parmi ses compagnons d'armes. Ils devaient marcher ensemble au combat, veiller l'un sur l'autre, s'exhorter à rendre la patrie victorieuse. Si l'un d'eux tombait sur le champ de bataille, l'autre protégeait le cadavre et le ramenait sur son bouclier dans la terre des aïeux.

Jeunes gens qui entrez dans la vie, beaucoup de difficultés vous attendent, vous ne l'ignorez pas. Il faudra lutter vaillamment pour conserver votre cœur pur, votre volonté sans défaillance. N'allez pas seuls au combat. Faites-vous des amis qui seront, sinon toujours à vos côtés, du moins toujours dans votre cœur, et qui, par leur affection, par leurs conseils et par leur souvenir, vous aideront et finalement vous rendront victorieux.

L'amitié, c'est, d'après le P. Lacordaire, *le mariage de deux âmes qui s'unissent pour accomplir le travail de la vie.* Quel est-il ce travail de la vie, sinon le développement de tout être dans le beau, dans le vrai et dans le bien. Notre but, c'est d'aller à Dieu toujours plus pleinement. Nous aimons, ce n'est pas pour rechercher, comme de vulgaires égoïstes, notre bien à nous, mais pour procurer le bien de celui qu'on aime. Or, le plus grand bien, le seul bien qui puisse satisfaire pleinement les plus nobles aspi-

...tions de notre être, n'est-ce pas Dieu ? Les amis écarteront donc l'un de l'autre, — l'amitié ne se conçoit pas sans cet échange de bienfaits, — tout ce qui pourrait faire perdre ce trésor et ils mettront tout en œuvre pour qu'on le possède davantage.

Pour éloigner le mal qui menace et pourrait avilir, comme pour procurer le bien qui perfectionne et ennoblit, l'ami s'imposera des travaux, supportera de rudes fatigues, sacrifiera sa fortune et, si cela est nécessaire, sa vie même, car l'amitié ne va pas, est-il besoin de le dire, sans le dévouement, sans le don tout entier de soi-même.

Le premier devoir de l'ami, c'est de donner Dieu en même temps que son cœur à celui qu'il aime. Pour beaucoup d'âmes l'amitié est un précurseur de la foi. Que de jeunes gens on rencontre aujourd'hui que les jouissances et les plaisirs du monde dégoûtent. Leurs cœurs droits ont faim d'idéal. Montrez-leur la vérité divine vivante en vous. Faites-leur connaître et aimer le Dieu que votre cœur adore et qui a mis en vous tous ces trésors dont ils jouissent. Apportez à cette œuvre tous les ménagements et toute la délicatesse que votre cœur vous suggérera. Un jour viendra où, à force de prévenances et de douces sollicitations, ces âmes atteindront le port de la vérité. C'est votre amitié qui aura été leur étoile conductrice. N'est-ce pas l'histoire de tant de belles âmes du siècle dernier qui, à l'exemple de Pierre Olivaint, furent converties par un ami ? Sur les lèvres d'un ami la vérité ne s'enveloppe-t-elle pas de mille séductions ; et même la plus dure, portée sur la tiède brise qui vient du cœur, ne paraît-elle pas aimable et caressante ?

C'est un autre de vos amis qui, un jour de folie, s'est laissé entraîner dans des amours légères et coupables où sa vertu a sombré. Allez-vous le laisser devenir la proie du vice et descendre jusqu'au fond de cet abîme d'où l'on a tant de difficultés à sortir ? Vous ne seriez plus pour lui un ami, puisque vous vous conduiriez à son égard comme le plus cruel des ennemis. C'est précisément à ce moment critique que vous devez lui prouver ce que peut une amitié véritable. Votre souvenir a peut-être été le dernier rempart de sa résistance. Si vous aviez été là, il n'aurait pas succombé. Allez à lui. S'il vous fuit, comme on s'éloigne d'instinct de ceux que l'on craint d'avoir offensés et dont on redoute les reproches, recherchez-le, multipliez les démarches. Pansez les blessures qu'il a pu se faire dans sa chute, soignez son pauvre cœur malade. Au lieu de vous perdre en récriminations amères sur le présent, parlez-lui du passé si doux, de l'avenir qui peut être si beau encore. N'ayez pas de repos que vous ne l'ayez dépris des griffes de l'ennemi et que vous ne l'ayez fait quitter l'occasion du mal. A toutes ses résistances opposez la constance de votre amitié. Finalement il entendra cette voix qui tant de fois lui a redit votre affection, il comprendra que les véritables amis ne sont pas ceux qui attirent en bas mais ceux qui font monter en haut. Vous triompherez et vous le ramènerez au devoir. Si Dieu ne permettait pas cette victoire tant désirée, vous auriez obéi à la voix de votre conscience et vous n'auriez pas à entendre les durs reproches de votre cœur. Souvenez-vous de cet admirable trait de la vie de saint Jean, qui nous montre l'apôtre bravant tous les dangers, oubliant toutes les fatigues d'une vieillesse finissante, et qui s'en va à la recherche de ce jeune homme qu'il aimait pour l'arracher aux mains de ceux qui pervertissaient son âme. On trouve des exemples de ce genre dans la vie de tous les saints et dans la vie de tous les hommes de cœur. De ces exemples-là, disons-le à la gloire de notre temps, nous en avons tous les jours sous les yeux. Nous voyons des jeunes hommes faire le siège en règle d'âmes qu'ils aiment, et, à force de tendresse et d'ingéniosité, leur faire abandonner une vie de plaisirs. Si aujourd'hui, parmi la jeunesse française, tant de belles intelligences et tant de cœurs généreux reviennent à l'Église et mettent à son service les riches trésors de leur générosité et de leur talent, c'est pour une part, je n'hésite pas à à le dire, à l'apostolat de l'amitié que nous le devons. Ce sont des victoires du cœur. Je ne me rappelle pas sans émotion l'aveu que me faisait récemment un jeune étudiant que j'interrogeais sur les causes de son retour à la vie chrétienne : « Peut-on ne pas aimer un Dieu qu'aime tant celui que j'aime, » me dit-il. Puis, avec une simplicité naïve, il me raconte tout ce qu'un de ses amis avait fait pour l'amener à la vérité, et que, pour l'édification de mes lecteurs, je voudrais pouvoir raconter moi-même.

Ce que l'amitié fait pour retirer un ami de l'abîme, ne le fera-t-elle pas pour l'empêcher d'y tomber ? Oh oui ! écarter tout ce qui pourrait nuire au bonheur des êtres chers, leur apporter la consolation et le soutien aux heures de tristesse et d'angoisse, n'est-ce pas une des plus nobles fonctions de l'amitié ?

Il y a dans la vie de tout jeune homme des moments d'intimes souffrances et de profonds découragements. La tempête fait rage. Tout semble crouler autour de lui. Les notions les plus élémentaires d'honneur et de vertu s'obscurcissent. Dans un dernier effort, il veut lutter contre ses passions révoltées ; mais comme il se sent faible ! Il a besoin, à cet instant critique, qu'on vienne raffermir son courage près de s'éteindre. Il cherche le Cyrénéen qui l'aidera à porter son fardeau. Où trouvera-t-il ce secours ? sinon dans l'amitié. Auprès d'un ami, il ne sentira plus le poids écrasant de l'isolement. La tristesse qui l'envahissait et qui engendre si facilement la mort des jeunes gens, se dissipera. Il reprendra confiance et ses forces renaîtront. Que de jeunes gens l'amitié a sauvés d'une irrémédiable catastrophe! Sans l'ami, tout était perdu ; avec lui, c'est le salut. Combien sont vraies, dans la bouche d'un ami, ces paroles de Musset :

> Le ciel m'a confié ton cœur.
> Quand tu seras dans la douleur
> Viens à moi sans inquiétude,
> Je te suivrai dans le chemin.

Oui, les amis se suivent toujours et partout, s'aidant, se consolant ; mais c'est surtout dans la souffrance et dans la peine qu'ils montrent toutes les inépuisables ressources de bonté de leur cœur. Comme la voix de l'ami se fait suppliante pour détourner du mal, comme elle ne craint pas d'être importune ; comme sa main se fait maternellement douce pour panser toutes les blessures!

C'est grace aux lettres brûlantes d'amitié de Lacordaire que Montalembert évite un dangereux écueil. Lamennais essaie de l'entraîner dans sa révolte, « mais, écrit celui-ci, les mêmes courriers qui m'apportaient ces lettres empoisonnées m'en apportaient d'autres bien plus nombreuses, où le véritable ami rétablissait les droits de la vérité, en me montrant les sommets toujours accessibles de la lumière et de la paix : « Écoute cette voix trop dédaignée, car qui t'avertira si ce n'est moi ? qui t'aimera assez pour te traiter sans pitié ? qui mettra le feu dans tes plaies, si ce n'est celui qui les baise avec tant d'amour et qui voudrait en sucer le poison au péril de sa vie ? »

***

L'œuvre de l'amitié ne sera-t-elle qu'une œuvre de préservation ? Non. Quand deux âmes s'unissent dans le pacte d'une véritable amitié, *c'est pour se perfectionner et monter ensemble plus haut.* Aimer quelqu'un, c'est aimer son âme, c'est la vouloir plus belle, plus grande, plus sainte, et le vouloir avec passion. L'amitié n'atteint véritablement son but qu'autant qu'elle contribue à l'amélioration de nous-mêmes par la vertu. Deux amis doivent pouvoir se dire ce qu'écrivait Léon Cornudet à Charles de Montalembert : « Mon âme s'est agrandie depuis que je te connais. Je parviens à triompher un peu de ma paresse habituelle. Il me semble que je sens mieux ce qui est beau et que ma ferveur s'est un peu rallumée. C'est de ton amitié que j'attends le principal bonheur de ma vie. C'est à toi peut-être que je dois le projet que je forme maintenant de consacrer ma vie tout entière à ma patrie. Le désir d'être digne de l'amitié que tu m'accordes me rendra vertueux et me remplira de courage. »

Travailler à son perfectionnement moral, c'est acquérir des habitudes vertueuses, c'est développer celles que nous avons déjà. La tâche est difficile. *Il faudra tout d'abord faire disparaître les défauts qui entravent cette marche en avant vers la perfection.*

Comment combattre un ennemi que l'on ignore!... Et qui ne l'ignore pas ? On se fait tant d'illusions sur soi-même. Nos pires défauts, sans aucun effort d'imagination, nous apparaissent souvent comme des qualités. Qui mieux qu'un ami nous aidera à démêler ce qu'il y a de bon et de mauvais en nous ?

Il n'y a pas d'amitié, dit Bossuet, sans « ce mouvement de cœur qui se verse dans un autre pour y déposer son secret. » Un des plus intimes et plus impérieux besoins de notre nature, n'est-ce pas de trouver auprès de nous un confident sûr à qui nous puissions dire toutes nos joies et toutes nos douleurs, à qui nous puissions révéler notre âme, ses luttes, ses victoires et ses défaites, ses aspirations et ses ambitions. Je ne conçois pas l'amitié sans cette confiance totale. Nous prenons tant de soins à nous déguiser devant le monde, faudra-t-il que dans l'intimité nous continuions à jouer une comédie qui à certaines heures nous pèse et nous dégoûte? Ah! sans doute, dans cette révélation simple et naïve de notre cœur, il faudra apporter de la réserve et de la discrétion ; mais un ami ne doit-il pas tout savoir, et lui cacher quelque chose n'est-ce pas douter de lui et le trahir ?

Cette première connaissance de nous-mêmes, notre ami la complétera par son expérience personnelle. Compagnon assidu de notre vie, nous regardant sans cesse, il connaîtra bien vite nos défauts, et comme son amitié exige que nous nous en corrigions, il voudra nous en avertir.

> Plus on aime quelqu'un, moins il faut qu'on le flatte ;
> A ne rien pardonner le pur amour éclate.

Il faut avouer qu'il est rare de rencontrer une telle franchise même chez les amis. On a toujours peur de blesser une âme au vif en la mettant en face de la douloureuse réalité de ses défaillances, et en blessant, de diminuer son affection. N'ayons pas peur ; on s'aime ou l'on ne s'aime pas. Si l'amitié n'est pas sincère, cessons de jouer une aussi indigne comédie ; si elle est vraie, prouvons-le, en voulant efficacement le bien de celui que nous aimons. N'a-t-on pas dit que l'amitié n'était si divine que parce qu'elle donnait le droit de dire la vérité aux hommes qui la disent si peu et l'entendent si rarement. En taisant la vérité, vous plairez peut-être ; en la manifestant, vous serez utile. L'ami n'hésite pas, il doit dire la vérité. Il choisira le moment opportun, l'heure où l'âme est plus accessible, l'instant favorable qui suit un épanchement, mais il la dira. Il y a entre amis une manière si douce de dire des choses déplaisantes qui fait qu'on les accepte. Et pourquoi se fâcherait-on ? On sait que ce n'est pas la rancune, la jalousie, la haine qui inspire, mais uniquement l'amour, la loyauté et le désir de faire du bien.

Il y a dans les lettres de Montalembert et de Cornudet des passages qui nous prouvent que ces deux admirables jeunes hommes avaient bien compris cette austère fonction de l'amitié. « Si tu veux me convaincre que tu accueilles favorablement mon amitié et ma confiance, écrit Montalembert, j'espère de toi que tu sois inexorable sur tout ce que tu verras de répréhensible en moi et que tu m'en avertisses sans ménagement sur-le-champ : c'est la meilleure preuve d'une amitié véritable et chrétienne c'est à cette seule condition que je reconnaitrai la tienne. Comme j'ai de nombreux défauts, tu ne manqueras pas d'occasion de me donner des preuves de ta fidélité. »—« A part un peu de vanité, je te trouve accompli, répond Cornudet avec sincérité. De même que tu te passionnes trop vite, tu t'abandonnes aussi trop promptement au découragement. »

Voir clairement ce qu'il faut faire pour devenir meilleur, c'est beaucoup, mais cela ne suffit pas. *L'important est d'aller en avant, d'essayer de gravir les cimes de la vertu.* Pour accomplir cette rude ascension, l'amitié nous sera d'un précieux secours. L'ami c'est le guide qui trace le chemin, qui soutient dans les passages dangereux, qui sans cesse crie : plus haut, plus haut. A deux, semble-t-il, la vertu est facile. L'exemple est contagieux. Ce que l'on voit faire par un être qu'on aime, on veut le faire. Plus on se ressemblera, plus aussi on s'aimera. Les amis ont à leur disposition de nombreux moyens pour travailler à leur perfection mutuelle.

Quand on aime, on veut jouir de la présence de son ami, on veut le voir, mais surtout on veut lui parler. Quelle douceur n'éprouve-t-on pas dans ces colloques intimes, jamais languissants, toujours intéressants, même quand il s'agit de petites choses! Aussi, comme on les recherche. On a besoin de parler de soi, de ses travaux, de ses projets; on sent le même besoin d'entendre l'ami, dire tout de lui-même, de ses occupations. On s'encourage à être vaillants contre le mal, à aimer Dieu plus profondément, plus vraiment. Chaque nouvelle conversation retrempe l'âme, réveille les bons sentiments, donne du courage, provoque à des efforts plus sérieux, à d'incessants progrès. A mesure que l'on se fréquente, on se sent devenir meilleur. Louis Veuillot, après une visite à M. Lenormand, disait : « Je suis sorti de sa conversation dans le même état de cœur où je me trouve en sortant de l'église, quand l'office a été beau, quand j'ai bien chanté les psaumes, bien prié, bien pleuré sous mes lunettes. »

Hélas! nous ne pouvons pas toujours jouir de la présence de ceux que nous aimons. Les nécessités de la vie, trop souvent, nous obligent à nous en séparer. L'amitié cessera-t-elle avec l'éloignement des corps? Les âmes vulgaires seules osent dire : loin des yeux, loin du cœur. Pour compenser l'absence, l'ingénieuse amitié n'a-t-elle pas le souvenir?

L'ami est toujours présent dans le cœur. Pour charmer les longueurs du temps, on revit les entretiens d'autrefois, on en savoure tous les délicieux instants, on écoute dans le silence du soir la brise qui passe et vous apporte les caresses d'un cœur aimé.

> Je sais tout le plaisir qu'un souvenir peut faire.
> Un rien, l'heure qu'il est, l'état de l'atmosphère,
> Un battement de cœur, un parfum retrouvé
> Me rendent un bonheur autrefois éprouvé.

Le souvenir, c'est la romance qu'on chante pour ceux qui vous aiment un peu. Comme elle est douce cette romance, plus rien n'en trouble ni le rythme, ni l'harmonie. Dans le lointain, les défauts de nos amis s'estompent, nous ne voyons plus que leurs qualités. S'il y avait un regret possible, ce serait celui de n'avoir pas assez joui de leur présence et de ne leur avoir pas montré assez combien nous les aimions.

Ce souvenir si puissant, si bienfaisant soit-il, ne suffit pas. Notre cœur, qui craint toujours la froideur ou l'abandon, a d'autres exigences. Il veut des preuves palpables, j'allais dire matérielles, — si ce mot n'était pas déplacé quand il s'agit d'amitié, — qu'on ne l'oublie pas. C'est pour cela que, depuis presque toujours, on a inventé ce colloque à distance qui rend présents les absents et permet aux amis de continuer à se faire du bien, et quelquefois même plus que lorsqu'ils se voyaient. Il y a certaines choses que l'on éprouve de l'embarras à dire et qu'on écrit volontiers. Nous sommes ainsi faits que parfois nous n'osons pas avouer que nous aimons. Est-ce pudeur ou respect humain ? Je ne sais. Nous avons peur en manifestant ce sentiment de notre cœur de paraître moins hommes. Dieu nous a donné un cœur pour aimer. L'amitié n'est donc pas une faiblesse, mais l'exercice normal d'une faculté.

« Quelle douce chose qu'une lettre d'ami, écrivait Maurice de Guérin, et quel parfum s'échappe des plis de ce papier sur lequel une âme chérie s'est répandue ». « Mes yeux, ajoute-t-il, rendant au vif la joie que lui a causée une récente missive, mes yeux qui tantôt allaient dévorant les lignes avec une extrême rapidité, avides et impatients qu'ils étaient, tantôt plus sages et ménageant mieux le plaisir, n'avançaient plus qu'avec cette lenteur que l'on met à savourer un bonheur dont on est le maître et dont on voudrait éterniser la douceur en n'en prenant que par miettes.... Ce fut une fête incroyable, mais une de ces fêtes muettes et intimes qui se passent au fond du cœur, dont l'éclat est tout intérieur et dont on ne peut juger qu'au rayonnement doux et serein des yeux et du visage illuminé du dedans ».

Usons-nous de ce moyen d'apostolat comme nous le devrions ? Combien ont sur ce point de graves reproches à se faire. La plupart de nos lettres ne commencent-elles pas par des excuses ? Oh ! je sais par expérience les prétextes qu'on allègue. Écrire quand on n'a rien à se dire, mais c'est du temps et du papier perdus. Est-ce bien vrai qu'entre amis la correspondance puisse chômer ? « Si vous m'aimez, disait l'austère saint Jérôme, écrivez-moi, je vous en conjure ; si vous êtes fâché, ne laissez pas de m'écrire, malgré votre colère. Ce me sera toujours une grande consolation dans mes regrets de recevoir des lettres d'un ami, fût-il même irrité... Réveillez-vous, réveillez-vous, sortez de votre sommeil ; donnez au moins un petit billet à l'amitié. Si vous prétendez n'avoir rien à me mander : mais c'est cela même qu'il fallait m'écrire, que vous n'aviez rien à me mander ! »

La vraie raison des longs retards, puis des éternels silences, c'est que nous manquons de simplicité. Nous voulons faire de chacune de nos lettres des morceaux de littérature, peut-être même, cela arrive, des articles de revue. On écrit, ce n'est plus pour être lu, savouré dans l'intimité, mais pour voir sa prose s'étaler dans les colonnes des journaux.

« Un commerce épistolaire, dit le P. Lacordaire, où l'on fait en quelque sorte les chapitres d'un livre, n'est qu'une vaine occupation plus conforme à l'amour-propre qu'à l'amitié. L'amitié confie simplement ses pensées, demande conseil, expose ses affaires, console, reprend, éclaire, cause familièrement, elle n'écrit point de morceaux d'éloquence ». Il faut que dans chaque ligne d'une lettre on sente palpiter un cœur.

Il est encore un autre moyen de faire beaucoup de bien à nos amis, c'est de prier pour eux. Qui pense à prier pour ses amis ? Attirer sur eux les bénédictions d'En-Haut, n'est-ce pas ce que nous pouvons faire de mieux, et c'est souvent la seule manière de leur être vraiment utile. Si nous savons nos amis dans la peine, si nous les savons aux prises avec une redoutable tentation, n'est-ce pas un devoir pour nous de les aider de nos prières en même temps que nous leur prodiguons nos consolations et nos encouragements. Ce que nos paroles et nos tendresses n'obtiennent pas, la grâce divine, tombant sur leurs âmes comme une bienfaisante rosée, l'obtiendra. Quand nos amis sont loin de nous et qu'il nous est impossible de leur rendre les mille petits services que prodigue l'amitié, demandons à leurs anges gardiens, leurs amis invisibles et trop souvent délaissés, d'être notre suppléant. Prier pour ses amis est chose utile, mais c'est aussi chose très bonne. Quelle joie d'unir dans une même prière, au pied du même autel, tous les êtres que nous aimons. Cette petite communion des âmes, c'est véritablement la vivante image de cette autre grande communion des fidèles qui rassemble tous les hommes de foi et de bonne volonté.

« J'ai bien prié pour toi, pendant ces saints jours,

crit Montalembert à Cornudet, au lendemain de Pâques 1827. Je prie pour tous ceux que j'aime : c'est une petite récompense que je me plais à rendre à ceux qui ont des bontés pour moi. Quelle douce chose que la prière! Quel bienfait inexprimable de notre religion! Quel plaisir pour moi de rassembler autour de moi dans ma cellule, à Sainte-Barbe, le petit cercle de tous ceux que je respecte, de m'unir à ces personnes bien-aimées par la prière, de me rappeler les vertus des absents, d'oublier leurs défauts et de m'occuper d'eux en m'entretenant avec Dieu »!

« Tu as prié pour moi, que tu es bon! et que je t'en ai d'obligation! répond Cornudet. Jusqu'ici je n'avais compté que sur les prières de ma mère et sur celles de mes sœurs. Je ne puis t'exprimer tout ce que je sens au moment où je t'écris et je bénis Dieu de ce que, seul dans ma chambrette, personne ne peut troubler mon plaisir ».

VIII

Le choix des amis.

VIII

Le choix des amis.

Étant donnée l'action souvent prépondérante d'un ami sur toute notre vie, il est d'une souveraine importance de n'admettre dans notre intimité que ceux qui peuvent exercer sur nous une bienfaisante influence. C'est pourquoi, après avoir vu combien l'amitié était un facteur important dans l'œuvre de la formation morale de la jeunesse, *il est nécessaire de parler du choix des amis.*

Tout d'abord, il faut éviter de nous lier avec ceux dont l'amitié, au point de vue moral, *nous serait inutile.*

Méfiez-vous de ceux qui font de l'amitié un trafic et dont le cœur est toujours à vendre ou plutôt toujours à louer. Tant que vous leur serez utiles et que vous pourrez servir à leurs plaisirs ou à leurs projets ambitieux, tout ira bien ; mais, le jour où votre amitié ne leur sera plus d'aucun avantage, ils vous abandonneront très facilement pour aller tenter fortune ailleurs. Ces gens-là ne sont pas faits pour aimer ; ils n'ont pas de cœur, mais, suivant le mot de Lamartine, une *mâchoire*. Le cœur ne se vend pas, il se donne.

Méfiez-vous aussi de ceux qui donnent trop facilement leur amitié à tout venant. Doués, ou mieux affligés d'une nature trop sensible, ils ont un instinctif besoin d'être aimés. Ils recherchent des amis partout et les trouvent d'autant plus facilement qu'ils sont très exubérants et souvent très attachants. Les serments d'amitié ne les gênent pas. Ils en sont prodigues même quand on ne les demande pas. Hélas! ce beau feu ne dure pas plus que leur impression. Tout chez eux est à fleur de peau.

Hier, ils étaient sincères en vous disant qu'entre vous et eux c'était à la vie et à la mort ; aujourd'hui, ils ne le sont pas moins en vous oubliant. Nous avons tous rencontré de ces hommes « *omnibus* ». Dans leur cœur comme dans les voitures publiques, il y a toujours de la place ; on monte et on descend à volonté, sans autre façon. La réponse à faire à de telles avances est celle que Molière met sur les lèvres d'Alceste repoussant Philinte :

> Quel avantage a-t-on qu'un homme vous caresse,
> Vous jure amitié, foi, zèle, estime, tendresse,
> Et nous fasse de vous un éloge éclatant,
> Lorsqu'au premier faquin, il court en faire autant.

Est-ce à dire qu'il faille se défier de ceux qui ont *beaucoup d'amis ?* Non. Certains prétendent, il est vrai, qu'il ne faut avoir qu'un seul ami et qu' « une amitié qui se déverse sur trop de monde soumet l'âme à des sentiments très variés, fait d'un homme un Protée et le rend fourbe, inconstant, mal réglé. » Je ne suis pas de cet avis. Loin de penser avec Cicéron que « l'amitié resserre toute l'affection entre deux âmes », j'aime mieux croire avec Joubert que « la multitude des affections élargit le cœur ». L'amour est jaloux, et quand il s'empare d'un être il l'emprisonne et lui défend d'autres aspirations; mais l'amitié qui est indépendante de la matière, qui réside dans l'âme et qui naît, se développe et s'épanouit dans la liberté, non seulement a le pouvoir de se multiplier sans s'épuiser, mais en se multipliant, elle augmente son bonheur et s'assure pour lutter contre les difficultés de la vie de précieux auxiliaires. Le bien qu'un ami ne pourra pas me faire, un autre le pourra. Et puis, n'avons-nous pas conscience qu'il y a dans notre cœur assez de ressources pour s'étendre à plusieurs affections ? De même que nous, pauvres êtres finis, nous ne devons pas avoir la folle prétention de remplir un cœur dont la puissance d'aimer est quasi infinie, nos amis ne doivent pas exiger non plus que nous fermions notre cœur à d'autres affections.

« Il n'est pas vrai qu'un sentiment pour être fort soit nécessairement exclusif, dit Mme Swetchine; loin de là, une affection très vive si elle est heureuse, mettant en jeu nos facultés aimantes, ajoute à leur activité, hors même du cercle de l'intérêt premier.

Ah ! quelle est riche la surabondance d'un cœur touché. » Je trouve la même affirmation sous la plume poétique d'Eugénie de Guérin : « Ne croyez pas que Louise m'empêche de vous aimer ; oh ! que non. Je compare mon cœur à un rayon d'abeilles, rempli de toutes petites logettes pleines de miel. Le miel, c'est vous, c'est Louise, douces amies que Dieu m'a fait trouver dans mon chemin de la vie. »

D'autres amitiés sont mauvaises. On peut s'unir pour le mal comme pour le bien. Ce ne sont plus alors de véritables amitiés, mais des liaisons inspirées par la passion. Ce que l'on veut, ce n'est plus s'aider pour pratiquer la vertu, mais pour rechercher de basses satisfactions. Ce n'est plus vers les sommets que l'on s'entraîne, mais vers les abîmes. C'est un don précieux, mais en même temps bien terrible, que de posséder un cœur sensible. Il faut parfois soutenir de rudes combats, pour ne pas se laisser entraîner hors des sentiers de l'honneur et de la vertu. Surveillez votre imagination trop vive, votre cœur enfiévré. Prenez garde aux familiarités trop sensuelles, aux rêveries et aux contemplations amollissantes. A ce moment où vous sentirez que vous n'êtes plus maîtres de vous-mêmes, votre devoir est de rompre. Vous avez toujours le droit de reprendre votre cœur. « La liberté de sortir, dit le Père Lacordaire, est la première liberté de l'homme de cœur ; malheur à celui qui ne la possède pas. » — « Taillez, tranchez, vous dit saint

François de Sales ; il ne faut pas s'amuser à découdre ces folles amitiés, il faut les déchirer. » Ne dites pas que ce serait de l'ingratitude de le faire sans délai, qu'il vous faut prendre des ménagements. « Oh ! que bienheureuse est l'ingratitude qui nous rend agréables à Dieu ! non, de par Dieu, Philotée, ce ne sera pas ingratitude ce sera un grand bienfait que vous ferez à votre ami, car en rompant vos liens vous romprez les siens, puisqu'ils vous étaient communs. » (1)

Les amitiés sensuelles sont le grand danger d'un certain âge où l'on se laisse attirer si facilement par la beauté extérieure, par les contours harmonieux du visage. Il y a en effet, parmi les jeunes gens, des physionomies qui ont un si singulier pouvoir d'attirance, qu'il faut, suivant Saint-Simon, se faire violence pour cesser de les regarder. Sans doute, ces charmes ne sont pas à dédaigner, mais ils ne sont que secondaires. Par un léger effort d'imagination on peut si facilement y suppléer. Nos amis, les vrais, ne sont jamais laids. Merveilleux artiste aux doigts de fée, l'amitié opère d'incroyables transformations sur le visage des amis. L'amour n'est pas un aveugle, mais plutôt un magicien qui change tout au gré de ses désirs. Ce qu'il faut rechercher avant tout chez ceux que nous voulons pour amis, c'est la beauté et la bonté de l'âme. Si leur âme est

---

(1) *Introduction à la vie dévote*, IIIe partie, chap. XXI.

belle, leur visage sera toujours beau, car, dit Louis Veuillot, c'est le cœur qui fait le visage. Et d'après Jules Lemaitre, « l'expression de la bonté dans les yeux est une beauté qui transfigure les plus pauvres visages » (1).

Dangereuse pour la pureté des mœurs, l'amitié peut l'être aussi pour la pureté des idées et de la la foi. Quand nous nous apercevons que nos amis s'égarent, qu'ils méconnaissent l'autorité légitime et que de fils soumis de l'Église ils deviennent des révoltés, notre devoir, s'il y a péril pour nous ou pour ceux qui dépendent de nous, est avant de rompre définitivement, de faire tous nos efforts pour ramener les égarés à la vérité. Quand la séparation s'imposera, nous mettrons, dans cet acte si pénible, toute la délicatesse et toute la noblesse de notre cœur.

Notre modèle en semblables conjonctures, c'est Henri Lacordaire s'éloignant de Lamennais. Le solitaire de La Chesnaie, malgré les efforts de ses amis, s'enlizait de plus en plus dans l'ornière de la révolte. Il n'était plus possible de rester avec lui. La conscience le défendait. « Vous ne saurez jamais que dans le ciel, lui écrit Lacordaire en le quittant, combien j'ai souffert pendant un an par la seule crainte de vous causer de la peine. Je n'ai regardé que vous dans toutes mes hésitations, mes per-

---

(1) Discours. *Prix de Vertu*, 1900.

plexités, mes retours, et quelque dure que puisse être un jour mon existence, aucun chagrin de cœur n'égalera jamais ceux que j'ai ressentis dans cette occasion ». — « M. de Lamennais se séparât-il un jour de l'Église, disait-il plus tard, devînt-il le plus fatal hérésiarque qui fût jamais, entre ses ennemis et moi, il y aura toujours une distance infinie ».

« Lorsqu'un de vos camarades vous offre son amitié et vous demande la vôtre, vous devez voir ce qu'il est et ne pas vous attacher aux seuls avantages extérieurs. *S'il est solidement chrétien, vertueux et d'un bon caractère*, et que d'une autre part vous vous sentiez incliné vers lui par une sympathie honnête, rien n'empêche que vous lui répondiez. »

Voilà déterminées par le docteur moderne de l'amitié (1) les qualités que nous devons chercher chez nos amis. Nous devons essayer de pénétrer jusqu'à l'âme. *Exigeons également*, afin de diminuer les causes de heurt, *la conformité aussi étendue que possible des volontés, des affections, des sentiments.* Demanderons-nous cette conformité complète quand il s'agira des idées, et dirons-nous avec Montalembert, qu'il faut que les opinions se ressemblent pour que les cœurs s'unissent ? S'il s'agit des idées religieuses, qui tiennent une si grande place et ont tant d'influence sur la vie, je crois aisément que la communauté est nécessaire. Ainsi, il est difficile,

---

(1) Le P. H.-D. Lacordaire.

pour ne pas dire impossible, que je sois uni par les liens d'une véritable amitié à un ennemi de l'Église, qui n'a d'autre but que de détruire ce que je dois et veux défendre au péril même de ma vie. Au contraire, j'admets volontiers avec saint Thomas d'Aquin que, dans les choses politiques, littéraires, artistiques, il puisse y avoir divergence d'opinions sans que l'amitié en souffre. Nous avons de remarquables exemples de ce fait dans des amitiés célèbres, et précisément dans la vie même de Montalembert. Son amitié avec Lacordaire en est une preuve. Ils différèrent souvent d'opinions en philosophie ou en politique, et cependant jamais leurs cœurs ne cessèrent de battre à l'unisson. Louis Veuillot a trouvé le mot juste : « Bénissons Dieu qui nous donne en ce monde l'union des cœurs, nous ne goûterons que dans l'autre l'union des esprits. »

Faut-il ne chercher nos amis que dans la même condition sociale que la nôtre ? Certains le prétendent et ils affirment que d'un tel choix résultent de grands avantages. C'est l'avis de Fénelon. « Il faut, écrit-il au duc de Chaulnes, choisir vos amis d'une naissance et d'un mérite qui conviennent à ce que vous êtes dans le monde. » C'est possible, mais je crois que faire de cela une règle absolue, c'est s'exposer à bien des mécomptes. Les avantages réels compenseront-ils toujours les inconvénients non moins réels. « L'amitié naît de l'âme, et l'âme ne compte que par elle-même. Une fois qu'on se rencontre là, tout disparaît, comme un jour et bien mieux lorsque nous nous rencontrerons en Dieu, l'univers ne sera plus pour nous qu'un spectacle oublié. » Qu'importe aux âmes la fortune ou les titres. Ce qui fait leur beauté et leur grandeur, c'est la vertu ; et c'est sur elle qu'est fondée l'estime, et c'est à son rayonnement que naît l'attrait. La ressemblance que demande l'amitié, ce n'est pas celle des corps, mais celle des âmes et des caractères. Et si elle ne la trouve pas à ses débuts, elle vient toujours à bout de la procurer. Peut-on vivre ensemble, se communiquer ses pensées et ses impressions, agir sous la même inspiration, sans que les changements nécessaires ne s'opèrent insensiblement, que les traits de similitude ne s'accentuent et que les âmes ne deviennent vraiment sœurs ?

Devons-nous faire attention à l'âge de nos amis, et exclure, avec J. Claretie, la vieillesse, « cet âge où l'on peut encore se faire des ennemis, faire encore des ingrats, où l'on ne se fait plus d'amis. » Les vieux pourraient riposter avec Henri Perreyve, et certains dont le cœur est encore bien ardent ne manqueront pas de le faire avec une fine pointe d'ironie, que pour aimer « la jeunesse est trop légère, la maturité trop occupée, que seule la vieillesse apporte au sentiment de l'amitié toute sa pureté et toute sa profondeur ». On peut se faire des amis à tout âge et on en peut choisir de tous âges. Les âmes, fondement de l'amitié, n'ont pas d'âge. C'est pour cela d'ailleurs que les amitiés, si elles le veulent, peuvent ne connaître ni altérations, ni défaillances. J'ai entendu souvent recommander aux jeunes gens de se choisir des amis parmi leurs camarades un peu plus âgés, parce que, disait-on, on pouvait ainsi plus facilement se faire du bien.

Quoi qu'il en soit, on ne peut pas choisir un ami comme un vêtement au Louvre ou au Bon Marché. Le rayon des amis n'est pas encore inventé, et ne le sera probablement jamais, à moins qu'on ne devienne assez fou pour vouloir réaliser dans la vie pratique les utopies et employer les trucs que préconise le détraqué Jean-Jacques Rousseau pour son *Émile*. Les journaux mondains eux-mêmes, qui chaque jour dans leurs colonnes de petites annonces offrent un grand choix de mariages avec riche dot, n'ont pas encore de rubriques spéciales pour les amis. Cela viendra peut-être, en attendant laissons le cœur humain, si ingénieux quand il s'agit d'affection, se servir des vieilles méthodes.

L'amitié naît souvent sans qu'on s'en rende bien compte. *Tout ce que nous pouvons faire, c'est de régulariser ce sentiment.* Et, à ce propos, permettez-moi de vous donner un petit conseil. Ne vous faites pas trop vite des amis. Si vous voulez les garder longtemps, soyez, suivant le proverbe, longtemps à les faire. Avant de vous jurer un attachement inviolable, prenez le temps de vous connaître et évitez de vous laisser séduire par les charmes qu'exercent certaines personnes. La distinction des manières ou de la conversation ne doit pas faire oublier l'essentiel. Ces personnes aimables et légères qui plaisent au premier abord ressemblent souvent à ces femmes des boulevards qui portent toutes leurs richesses sur leur dos. Un commerce fréquent montre très rapidement qu'il n'y a aucun fond à faire sur elles. Et alors si vous vous êtes laissé prendre à tout ce brillant, lorsque l'emballement cessera, vous vous trouverez tout honteux en face de la réalité désenchanteresse. On s'était donné, il faut se reprendre. Il aurait mieux valu commencer par s'examiner et par se connaître. Combien de jeunes gens, prodigues en avances et en démonstrations, pourraient trouver profit à méditer ces paroles d'une comédie célèbre :

> Monsieur, c'est trop d'honneur que vous voulez me faire,
> Mais l'amitié demande un peu plus de mystère ;
> Et c'est assurément en profaner le nom,
> Que de vouloir le mettre à toute occasion.
> Avec lumière et choix, cette union veut naître ;
> Avant de nous lier, il faut nous mieux connaître,
> Et nous pourrions avoir telles complexions
> Que tous deux, du marché, nous nous repentirions.

Est-ce à dire que ces affections foudroyantes qui fondent les âmes d'un seul éclair, n'existent que dans les imaginations des romanciers ? Non, car il suffit parfois que deux âmes se rencontrent fortuitement pour que la sympathie naisse et qu'un commerce affectueux s'établisse aussitôt. On se voit et on s'aime. Quelque chose de fort, d'invisible attire. Il semble que Dieu nous aie fait l'un pour l'autre. S'il fallait raisonner ce mouvement nous en serions incapables, d'autant plus que cela arrive souvent pour des êtres presque totalement dépourvus de cette beauté plastique qui chez d'autres nous charme sans que nous songions à en faire nos amis. Simple hasard diront certains ; harmonie préétablie affirmeront d'autres; n'est-ce pas plutôt la miséricordieuse Providence qui nous ménage ces rencontres, qui nous met au cœur ces attraits? Nous avions besoin d'amis elle nous les envoie. Elle qui distribue avec tant de bonté la pâture aux petits oiseaux pourrait-elle refuser à notre cœur ce dont il a faim! Nous comprendrons au ciel, pourquoi Dieu a mis sur notre route tel camarade ; nous verrons alors quelle influence bienfaisante il a eu sur notre âme. C'est peut-être à lui, pour une grande part, que nous devrons d'avoir persévérer dans la vertu. *Cette amitié était une grâce.*

Jeunes gens, voulez-vous goûter sans danger tous les charmes de l'amitié, voulez-vous jouir pleinement de ses avantages, et toujours, « que l'âme se glisse derrière le cœur et que *Jésus-Christ soit de moitié entre vous.* » En Lui votre amitié s'épurera, en Lui elle s'épanouira, en Lui elle s'éternisera. Les joies pures et élevées que vous goûterez vous éloigneront de la pensée et du désir des grossières jouissances d'ici-bas ; la passion du dévouement qui naîtra et se développera en votre cœur vous préservera des froids calculs de l'égoïsme ; la foi inaltérable en celui que vous aurez choisi vous épargnera les amertumes des trahisons. Ceux qui croient en Dieu, qui l'aiment et s'abandonnent pleinement à Lui, croient plus facilement aux hommes, se dévouent généreusement et se donnent plus complètement. Aimer en Dieu, c'est diviniser l'amitié, et lui assurer son plein épanouissement, c'est lui donner son complément nécessaire : *l'éternité.*

Le mot *toujours* ne fait-il pas partie de tous les serments du cœur ? Comprend-on une amitié sans cette vertu qui fait que l'on ne sacrifie jamais ce que l'on a une fois aimé. Et cependant, comme on la trouve rarement cette fidélité dans l'amitié ! Tant de causes occasionnent et expliquent les ruptures entre âmes vulgaires. C'est le malheur qui fond sur nous et disperse la foule de ceux qui ont peur des larmes. C'est la jalousie qui mord l'ami au cœur. Égoïste, il nous voulait tout à lui et tout ce que nous donnions aux autres, il s'imaginait que c'était autant de perdu pour lui.

C'est la tyrannie d'un ami qui veut absorber notre personnalité et enchaîner l'indépendance de notre esprit et de notre cœur. C'est l'absence prolongée qui efface les ressemblances et brise les liens. C'est parfois l'ennui d'aimer et le simple besoin de changement. C'est trop souvent, hélas! l'intrusion dans la vie d'une créature de malheur qui en même temps qu'elle dilapide la fortune, épuise la sève du cœur et en étouffe tous les bons mouvements. Le climat de l'amitié est si variable et le thermomètre de l'affection baisse si rapidement.

Les affections humaines tombent l'une après l'autre comme des feuilles mortes, elles disparaissent comme des éphémères dans une pluie d'orage. Le cœur, pour beaucoup, est une tente pour le désert; et combien qui, cherchant en lui une demeure éternelle, n'ont trouvé qu'un abri passager, une toile qu'on replie et qu'on va planter ailleurs. Vous avez vu, « en passant sur nos collines, des feux allumés par des mains d'enfants, au bord du sentier, un soir d'automne, au premier vent qui emporte les feuilles. Puis l'hiver est venu, et sur ces foyers éteints la neige est tombée, couvrant les tisons noircis de ses flocons blancs. Où il y avait une braise ardente on ne voyait plus que du givre. O vanité des affections humaines, voilà bien votre image! foyers d'un jour allumés par des mains d'enfants, attisés par un souffle qui passe, vous vous éteignez bientôt. La cendre encore chaude recouvre les charbons brûlants, mais la cendre ne tarde pas à se refroidir, et sur elle et sur les charbons éteints la neige tombe, calme et glacée ».

L'unique moyen d'échapper aux fluctuations du cœur c'est d'établir notre amitié sur Celui qui ne passe pas. La flamme de vos affections ne s'éteindra jamais si vous demandez à l'amour éternel de la vivifier sans cesse. Rien de beau ne meurt dans les âmes où vit le Christ. Il conservera à vos sentiments leur fraîcheur première ; Il vous donnera la force de supporter noblement les douleurs inhérentes à tout amour, et ainsi votre amitié, fécondée par sa grâce, ne connaîtra pas d'ombre et n'aura jamais de déclin. « Ce qui me rassure le plus sur la durée de notre amitié, écrivait L. Cornudet à Charles de Montalembert, c'est le sentiment religieux qui nous unit. Puissions-nous par nos exemples mutuels nous raffermir dans ses doctrines sublimes, et qu'entre toi et moi, elle soit, comme dit Bossuet, une immortelle médiatrice ».

Est-il bien vrai que l'amitié chrétienne n'aura jamais de fin ? Sur cette terre n'y a-t-il pas des séparations inévitables ? La mort vient souvent, malgré nos supplications et nos larmes, briser les liens qui nous unissaient à d'autres âmes. Un à un nos amis quittent ce monde et nous laissent seuls au milieu des ruines de tant de projets soudainement détruits et de tant de joies à jamais évanouies. Serons-nous désarmés en face de la mort, devrons-nous lui livrer pour toujours ce que nous aimons ? Oui, c'est la fin, pour l'amitié qui n'a pas jeté ses fondements en Dieu. Mais pour nous, fils de l'espérance, qui avons is en Lui tous nos espoirs, qui attendons de Lui la perfection de notre amitié; tout n'est pas perdu, rien n'est perdu. Sans doute les séparations de la mort sont terribles; notre pauvre cœur souffre de ne plus sentir son ami auprès de lui; nos yeux pleins de larmes cherchent en vain les traits de celui dont les sourires et les paroles nous ont si souvent réjoui. Pour le chrétien :

> Tout amour qui s'éteint, toute amitié ravie,
> Est un gage de plus qu'on jette à l'autre vie.

Sans doute nous avons perdu la présence visible de nos amis, mais une société invisible s'est formée. Les liens que nous avions noués loin de se briser se resserrent davantage. Nos chers disparus, nous pouvons toujours les trouver en Dieu. Quelle joie de penser que ce Dieu que nous adorons à travers les voiles du mystère, ils le voient à découvert; que ceux que nous avons aimés, aiment Dieu maintenant sans réserve; que pour eux, il n'y a plus d'énigme, plus d'incertitude, plus de tentation, plus de souffrance; que dans le face à face de la vision et le cœur à cœur de l'amour, c'est le bonheur parfait et sans fin !

Dans notre cœur une incertitude poignante reste cependant. Cet ami a-t-il trouvé grâce au redoutable tribunal, et, si Dieu lui a fait miséricorde, son âme est-elle assez pure pour être admise dans la société des saints? Ne sera-t-il pas obligé de rester longtemps dans les flammes réparatrices? Comme nos

voudrions être sûrs que nos chers morts sont au ciel !
Hélas ! nous ne le savons pas, et c'est pourquoi
nous devons par nos prières et par nos sacrifices
faire violence au cœur de Dieu, afin qu'il ait pitié
des âmes que nous aimons. Gardons fidèlement et
jusqu'à notre dernier soupir leur souvenir pieux. Ne
méritons pas, en les oubliant, ce reproche d'un poète
qui cingle si vigoureusement en plein visage tant de
nos contemporains :

> L'herbe pousse moins vite aux pierres de la tombe
> Qu'un autre amour dans l'âme, et la larme qui tombe
> N'est pas séchée encore que la lèvre sourit
> Et qu'aux pages du cœur un autre nom s'écrit.

Quoi de plus beau que la fidélité dans la mort et
de plus digne d'un grand cœur ! Quelle douce consolation de pouvoir se dire : à cause de mes pauvres
petites prières cette âme amie souffre moins, à
cause de mes sacrifices l'heure de sa bienheureuse
délivrance sonnera plus tôt !

Quelle joie aussi pour l'ami qui nous a quittés de
savoir que nous ne l'oublions pas ! Nos morts nous
connaissent toujours. Avec eux ils ont emporté
notre souvenir « précieux trésor, qui fait vivre en
l'âme les personnes connues et aimées. » Intelligences dégagées des entraves de la matière, ils nous
voient et nous connaissent mieux peut-être qu'ils ne
nous ont jamais connus ici-bas. Leurs relations avec
nos anges gardiens et les révélations divines complè-

tent cette connaissance. De plus, ils nous aiment. « La tombe qui n'a pas éteint le flambeau de l'intelligence n'a pas davantage étouffé le foyer de l'amour » (1). Comment auraient-ils perdu cette habitude si douce d'aimer ! Au contact de Dieu, leur affection pour nous s'est épurée, elle est devenue plus forte, plus ardente. La bonté qui les rendait si aimables et si aimants, s'étant accrue jusqu'à la perfection, ne demande qu'à rayonner autour d'eux; c'est pourquoi, avec la permission de Dieu, ils doivent vouloir nous faire du bien. Qui nous dira la protection qu'exercent sur nous ces saintes âmes ? Souvent nous en avons senti les bienfaisants effets. A certains jours, il nous semblait qu'une voix intérieure nous poussait au bien, c'était la voix d'un ami du ciel, d'un parent disparu. Aux heures tristes et désolées, alors que la compagnie des hommes nous fatiguait, à la pensée de nos chers morts, nous nous sommes sentis consolés. Qui donc parfois nous a arrêtés sur les bords d'un abîme, arrachés à une tentation violente, protégés dans un grave danger, sinon la main invisible d'un ami d'en-haut. Je ne sais s'il en est ainsi pour toutes les âmes, mais pour mon compte, je vis aujourd'hui plus intimement avec ceux qui m'ont quitté qu'aux jours de leur pèlerinage. Dans les difficultés, leur souvenir me réconforte, dans l'obscurité, il m'éclaire. Vivre avec les morts

---

(1) J. A. CHOLLET. — *Nos Morts.* (Lethielleux, Paris).

c'est devenir meilleur. Quand on pense qu'ils voient ce que nous faisons, n'est-on pas encouragé à mieux agir, à ne rien faire qui ne soit pas digne d'eux. A leur contact, la volonté devient forte, la piété s'échauffe et s'anime, le cœur se purifie. Qu'il fait bon s'agenouiller sur les tombes aimées de nos cimetières. Ce n'est pas la mort qu'on y respire mais la vie, et une vie plus pleine puisqu'elle vient d'en-haut en passant par un être aimé.

Quelques années de séparation, et ces amis dont nous aurons gardé le souvenir nous les retrouverons au ciel.

> Il est par de là cette vie
> Ses deuils, ses pleurs, ses longs tourments,
> Il est une belle patrie
> Où se retrouvent les absents.
> Là tout amour pur s'éternise,
> Là le lien que la mort brise
> Se renoue et devient plus fort.
> Laissons passer le drame sombre ;
> Le diamant se fait dans l'ombre,
> L'immortalité dans la mort.

Notre amitié d'ici-bas n'aura été que le prélude bien imparfait de celle de l'éternité. « Une fois arrivées à leur terme, c'est-à-dire, à Dieu, dit le P. Lacordaire, les âmes se voient elles-mêmes et toutes choses en Dieu, comme ici-bas, quoique d'une manière imparfaite, nous voyons l'univers dans la lumière du soleil. Là, dans cette immensité sans ombre, elles se touchent et se possèdent mieux que jamais, dans leur pèlerinage, elles ne se sont approchées les unes des autres. Nos unions de la terre ne sont en comparaison que de vains efforts, un stérile rapprochement. Ceux qui se seront aimés dans les temps s'étonneront de s'être aimés si peu, et la révélation de l'amour égalera l'ignorance où ils étaient alors. »

Voilà l'amitié telle que je la comprends. Plût à Dieu que le désir de se faire de vrais amis naisse dans le cœur de beaucoup de mes jeunes lecteurs! C'est le vœu de tous les amis de la jeunesse. « En face des plaintes qui se font entendre sur l'abaissement des caractères, disait déjà V.. de Laprade, l'exclusive recherche du bien-être matériel, la frivolité des mœurs et du goût en matière d'art, le positivisme brutal des doctrines et de la conduite, un vœu doit s'élever dont l'accomplissement ne serait pas le remède le moins efficace contre les misères présentes. Souhaitons que parmi la jeunesse les amitiés se multiplient, les fortes amitiés que le monde admire, que la religion consacre. » (1)

---

(1) Ouvrages à lire : *Sainte Marie Madeleine*, par le P. LACORDAIRE (Poussielgue, Paris); — *Lettres à un ami de collège*, MONTALEMBERT et CORNUDET; — *Essais sur l'amitié*, par ROUZIC (Lethielleux, Paris); — *La Vie de Montalembert*, par le P. LECANUET; — *La Vie du P. Lacordaire*, par le P. CHOCARNE; — *La Correspondance de M*^{me} *Swetchine*; — *Les lettres du P. Didon* (Plon, Paris); — etc.

IX

Le prêtre et les jeunes gens.
La direction.

IX

Le prêtre et les jeunes gens. — La direction.

Quand on recherche sérieusement les causes qui ont contribué à l'amoindrissement de la génération présente, on constate qu'une de celles qui ont été le plus cruellement efficaces, c'est l'absence totale de direction dans laquelle les jeunes gens vivent depuis plus d'un siècle. « Ce qui a le plus manqué à cette génération délaissée, c'est moins l'assistance de l'esprit que le secours de l'âme, c'est moins le maître que le prêtre, c'est moins l'homme que l'homme de Dieu. »

Ils sont rares aujourd'hui les jeunes gens qui s'avisent de voir dans le prêtre un indispensable et providentiel agent de formation morale, et qui par conséquent, loin de le considérer comme un étranger, cherchent à entrer dans son intimité et à devenir ses amis. Le prêtre ne manque-t-il pas parfois au jeune homme ? Dans l'état actuel de nos mœurs, il n'existe pas spécialement pour lui, il ne vit pas avec lui dans un commerce intime ; d'autres devoirs, d'autres charges l'absorbent et l'empêchent de se vouer pleinement à la culture de son âme. Le prêtre est à la paroisse ou à la cure; à ses catéchismes ou à ses confessions; il est retiré derrière les hautes murailles qui le clôturent; il en est aux mille soucis du ministère; il va partout où sa vocation l'appelle; mais il n'est point le compagnon du jeune homme. Il est pour lui comme s'il n'était pas.

Certains prêtres zélés ont résolument abordé ce ministère si fécond, entraînés par d'heureuses circonstances, ou impérieusement poussés par l'attrait d'une vocation spéciale et bénie de Dieu; mais combien sont-ils? Et croit-on, de bonne foi, qu'un seul homme puisse s'occuper sérieusement de cinq cents jeunes gens? On ne fait pas de la haute éducation morale par masse, comme on instruit une compagnie de soldats : c'est une œuvre essentiellement restreinte qui vise les individualités et non les groupes. Nous avons, dans notre siècle, tellement opprimé et méconnu les individualités que ce qui touche à leur formation et à leur gouvernement est à peu près lettre close pour la plupart des dirigeants. On ne rêve que des corps organisés, disciplinés; on songe à façonner des soldats, on oublie les chefs. Le soldat vaut par le nombre, mais le chef vaut par lui-même; si l'on en veut, il faut les former individuellement (1).

Et cependant, parmi nos jeunes gens, ceux qui

---

(1) Cf. P. Didon, O. P. — *Les Universités Catholiques.*

ont su résister à la décadence des mœurs, qui ont gardé leur âme fière et indomptable alors que tant d'autres de leurs amis tombaient à leurs côtés victimes des passions ou du respect humain, ne le doivent-ils pas et à leur éducation première et surtout à la Providence, qui a mis sur leur chemin quelque homme de Dieu dont ils ont subi la grave et religieuse influence ?

La peur du prêtre, voilà ce que l'on remarque, hélas ! chez beaucoup de jeunes gens, dès qu'ils arrivent à cet âge redoutable où s'oriente et se fixe leur vie. Durant leur première jeunesse, ils allaient volontiers au prêtre, comme la fleur au matin se tourne vers le soleil pour en recevoir les caresses, puis, peu à peu cette intimité a cessé. On redoute, semble-t-il, de trouver en lui, non plus un ami mais un juge sévère. C'est à l'heure où ils auraient le plus besoin de ses conseils, de son dévoûment, de sa tendresse, qu'ils s'éloignent. Je voudrais montrer à mes lecteurs tout le profit qu'ils peuvent tirer du prêtre pour leur formation morale.

*

Que d'objections ne formule-t-on pas contre la direction ! La plus grave, — je ne parle pas des absurdités, ni des calomnies de nos adversaires, — est celle-ci : Loin d'être utile à notre formation morale, la direction est plutôt une entrave puisqu'elle fait de nous *des passifs*. Le prêtre, dont nous acceptons l'autorité, disent les jeunes gens, ne nous imposera-t-il pas ses manières de voir sur tout, même sur ce qui ne relève pas du domaine de la conscience ; au lieu de développer en nous ce que Dieu y a mis, ne voudra-t-il pas, comme un bon ouvrier, nous façonner sur un modèle unique qu'il croit être le meilleur pour tous.

Est-il bien vrai que la direction fasse de vous des passifs, qu'elle soit une main mise du prêtre sur la jeunesse, pour l'empêcher, de penser de vouloir et d'agir ?

Que les méthodes de certains directeurs, fort rares heureusement, puissent conduire à ce résultat, c'est un fait. Portés à voir tout en noir, par suite des désillusions de la vie, par tempérament ou par éducation, ils croient aisément que tout est mauvais dans la nature humaine. Les jeunes gens surtout leur sont suspects. Leurs mouvements si spontanés, leur exubérance de vie les effrayent et leur font craindre les pires catastrophes. N'ont-ils pas vu sombrer un grand nombre d'âmes chez qui ils avaient constaté les mêmes symptômes. A les entendre, Dieu, pour bien faire, aurait dû supprimer cette période de la vie qui s'appelle la jeunesse. Dans leurs conversations où il n'est question que de précipices, d'écueils à éviter, le mot *réprimer* revient sans cesse sur leurs lèvres. Ils signalent des dangers là même où le jeune homme n'en aurait peut-être jamais découvert. Leur idéal, c'est la préservation, l'unique préservation.

Pour arriver à ce résultat, qui certes est déjà très beau, mais qui après tout n'est que négatif, ils dépensent toutes leurs forces. On les voit à temps et et a contre temps user de leur autorité. Ils substituent d'emblée leur personnalité très accusée, à celle à peine ébauchée de leurs dirigés. Ils croient leur faire un grand bien et leur éviter nombre de maux en les dispensant de marcher tout seuls, en prévoyant tout pour eux, en leur traçant toutes les voies, en déterminant chacun de leurs pas.

A force d'entendre dire qu'il n'y a en lui rien de bon, le dirigé se le persuade peu à peu. Et alors, dans l'œuvre de sa formation, au lieu de tabler sur son propre compte qu'il sait mauvais et dont on lui a recommandé de se défier, il n'a d'autre souci que de s'appuyer uniquement sur son directeur. Il se laisse conduire, ne voyant que l'autorité qui le guide et à laquelle il s'attache éperdûment. Il croirait commettre un crime à esquisser le moindre geste personnel, le moindre vouloir indépendant.

Qu'adviendra-t-il de ce jeune homme quand, par suite des circonstances, il échappera à la main de fer de son conducteur et sera obligé de vivre seul dans un milieu où les épreuves morales et les tentations foisonnent? Habitué à une discipline extérieure, le jour où les barrières protectrices qui le retenaient dans le droit chemin tomberont, d'instinct il cherchera encore l'appui qui le soutenait et ne le trouvant plus, il se laissera aller aussi passivement au mal qu'il allait hier passivement au bien. C'est un domestiqué qui a sa place toute marquée dans le troupeau de ceux qui se laissent mener. Peut-être même, et cela arrive trop souvent hélas ! en voyant se démanteler les fortifications qui étaient pour lui une prison plus qu'une sauvegarde, éprouvera-t-il ce sentiment qu'il peut jouir sans limite de cette liberté si parcimonieusement mesurée jusque-là et que le moment est enfin venu de goûter, de savourer ce fruit si longtemps défendu et si ardemment convoité. La déroute sera d'autant plus terrible que la compression a été plus grande.

Est-ce à dire que je blâme tout usage d'autorité dans la direction ? Ce serait folie et méconnaissance absolue de la nature humaine. Le directeur a toujours le droit de commander dans les questions qui intéressent la conscience. Il peut même y avoir parfois pour lui une obligation rigoureuse d'imposer son autorité. A certaines heures de crise morale violente, alors que les clartés directrices du devoir se voilent et que l'entraînement des passions est terrible, il est nécessaire de ramener par un vigoureux coup d'autorité, le dirigé dans le chemin du devoir, de lui interdire d'une façon absolue telle occasion, d'imposer tel remède en présence de telle habitude mauvaise. L'autorité sera nécessaire aussi vis-à-vis des sujets indolents que l'idéal n'émeut et n'entraîne pas et qui sans une direction énergique s'en iraient à la dérive. Ce que je blâme c'est la méthode de l'autorité absolue et de l'obéissance passive appliquée automatiquement, à la façon d'une recette unique et infaillible à tous et toujours ; c'est la substitution tyrannique de la personnalité du directeur à celle du dirigé, c'est l'opinion, érigée en dogme intangible, que la préservation est l'unique objet de la direction.

La vraie direction est celle qui a pour but de faire des hommes capables, dans une certaine mesure, de se suffire à eux-mêmes, qui ne cherchent pas continuellement sur qui s'appuyer et ne soient pas toujours en quête de conseils ; des âmes vivantes et agissantes dont le bien sorte de leur intérieur, dont les vertus soient le fruit de l'effort personnel.

Pour cela, dès le jour où l'âme, sous le souffle de la liberté, s'ouvre à la vie consciente, le directeur devra découvrir les goûts et les penchants naturels de son dirigé ; démêler ce qu'il y a de bon et de mauvais en lui ; s'emparer des germes du caractère pour les développer ; utiliser tout ce qu'il y a d'énergies latentes, de bonnes dispositions, de spontanéité. Qu'il fasse appel à ce qu'il y a de grand dans l'âme, à ces vertus humaines que le monde tient en si haute estime et qui, lorsqu'elles sont dirigées vers une vie plus élevée, rendent un être si merveilleusement beau et puissant, la fierté, l'ardeur, la générosité, l'enthousiasme. La vie surnaturelle ne contrecarre pas notre vie naturelle, elle la perfectionne, l'entraîne vers des sommets qu'elle n'aurait jamais pu atteindre. « Bien loin que la vertu éteigne ou émousse la sensibilité, son second privilège est de frapper au cœur et d'y ouvrir la source des affections. » Ce que le P. Lacordaire a dit de la sensibilité, ne peut-on pas l'affirmer de tout ce qu'il y a de bien en nous ?

Que de forces vives on laisse souvent inutilisées dans certaines âmes, sous le misérable prétexte qu'il peut être dangereux de s'en servir ; que de qualités merveilleuses on rejette volontairement dans l'ombre parce qu'elles pourraient dévier ou parce qu'elles seraient un obstacle à la réalisation du petit idéal bourgeois qu'on se fait de la vie ! Que répondront au souverain Juge ces éducateurs lorsqu'il leur demandera un compte rigoureux de leurs devoirs vis-à-vis de ces âmes qu'il leur avait confiées, et, en qui, il avait libéralement déposé d'innombrables trésors ? Rendre simplement à Dieu les talents reçus ne suffit pas. Ce qu'il exige pour être placé un jour au rang des fidèles serviteurs, c'est de faire fructifier le dépôt. La crainte des voleurs n'a pas suffi à excuser le serviteur de l'Évangile, la peur souvent chimérique d'un mauvais usage ne justifiera pas les directeurs.

Jeunes gens, voilà ce que le directeur à qui vous vous confierez fera de vous. Loin de vous modeler sur sa propre image, il n'aura d'autre but que de développer en vous votre personnalité. Loin de vous accaparer pour jouir de vous, son objectif constant sera de vous apprendre à avoir chaque jour moins besoin de lui. Il sera heureux lorsque vous pourrez lui dire en toute vérité : « Je puis, grâce à vous, me passer de vous. Il me suffit du Dieu que vous m'avez appris à trouver. »

*
* *

Il y a dans la Sainte-Écriture, *au livre de Tobie* (1), une page où nous trouvons le rôle du directeur admirablement tracé. Pour venir en aide à son père, aveugle et infirme, le jeune Tobie doit entreprendre un long voyage. Il se met à la recherche d'un compagnon et rencontre presque aussitôt un beau jeune homme, tout équipé et prêt à se mettre en route.

Après les salutations d'usage, Tobie lui demande s'il connaît le chemin qui conduit chez les Mèdes. Oui, je le connais répond l'inconnu, j'en ai souvent parcouru tous les détours. Il court annoncer cette bonne nouvelle à ses parents. Sur la promesse que son compagnon le conduirait au but et le ramènerait sain et sauf, Tobie reçoit la bénédiction de son père.

Ils s'arrêtèrent sur les rives du Tigre, après avoir longtemps marché. Tobie se lavait les pieds dans le fleuve, quand tout à coup un énorme poisson s'élance

---

(1) Chapit. V-VIII.

sur lui pour le dévorer. Effrayé, il appelle son compagnon à son secours. N'ayez pas peur, lui dit il, tirez le monstre sur le rivage. Videz-le, prenez le cœur et le fiel, ce sont d'utiles et nécessaires remèdes. Comme le jeune Tobie s'étonne de ces énigmatiques paroles, son compagnon lui explique que le cœur le préservera des démons et que le fiel rendra la vue aux aveugles dont on en oindra les yeux.

Vous savez la suite du récit qui se termine par une délicieuse idylle, le mariage de Tobie avec Sara, fille de Raguel et par la guérison de son vieux père. Le mystérieux compagnon de voyage était un ange du Seigneur, Raphaël.

Sur le chemin de la vie, Dieu dans sa bonté nous a ménagé de ces providentielles rencontres. Il nous envoie pour nous conduire au but suprême de toute existence, à l'éternité, un guide, c'est le prêtre. Jeunes gens, allez à lui, mettez-vous entre ses mains et demandez-lui d'être votre guide. Il ne saurait s'y refuser, c'est sa mission.

Son premier soin sera de vous étudier afin de vous bien connaître. Vous savez combien cette connaissance de soi est difficile à acquérir; comment, lorsqu'il s'agit de nous-mêmes nous sommes atteints de l'ophtalmie de l'amour-propre, et comment pour nous juger l'impartialité nous manque, étant juge et partie. Vous savez aussi que si l'on peut attendre une part de vérité de ses amis, d'ordinaire, pour nous flatter, ils sont loquaces sur nos qualités, et de peur de nous déplaire, muets sur nos défauts.

Le directeur, instruit par vos confidences, aidé par son expérience des âmes, après avoir pris une connaissance aussi parfaite que possible de vous-mêmes, tout en vous laissant une nécessaire initiative, vous aidera à fixer l'idéal de votre vie.

Il est surtout une époque où vous devez avoir recours aux conseils de ce guide, c'est à l'heure où il s'agit de fixer définitivement votre vie. Demandez d'abord les lumières d'En-Haut. C'est Dieu qui vous appelle, il est de toute évidence, que c'est à sa voix tout d'abord que vous devez prêter une oreille attentive. Puis étudiez longuement vos goûts, vos aptitudes, les secrètes inclinations de votre cœur. Mettez-vous résolument en face de l'avenir. Faites-vous une idée précise de ce que cet avenir doit être pour vous. Allez soumettre vos plans à votre directeur. Il vous dira si vous pouvez poursuivre votre projet, l'ajourner ou y renoncer complètement.

N'est-ce pas effrayant de penser que la vie tout entière dépend de deux ou trois non prononcés e seize à vingt ans. Pour avoir négligé de rendre ces élémentaires précautions combien se nt engagés dans des voies funestes. « Que de eunes gens n'ai-je pas vus appelés à décider sur eur propre destinée, se faire les illusions les lus étranges, et enchaîner par un choix aveugle r intelligence et leur volonté à des professions pour lesquelles ils n'étaient point préparés, donner d'eux-mêmes et imprimer avec une effrayante légèreté une direction à leur vie, dans un âge d'emportement et d'inexpérience, fixer les bornes de leurs vertus et faire à leur Religion même sa part ! Aussi, de tous côtés que de vocations égarées et d'existences déplacées ! Que de désappointements et de mécomptes ! Que d'esprits fourvoyés, de caractères amoindris, de vertus compromises, de services et d'espérances perdus ! » (1).

Je sais que certains jeunes gens se défient du prêtre sous prétexte que ses vues personnelles, peut-être même ses intérêts, l'inclineront à diriger dans telle voie plutôt que dans telle autre. Argument misérable, qui suppose le prêtre dépourvu de tout sens moral. Croyez-vous que dans une affaire aussi grave, il se laissera guider par des vues humaines ; et que, non content de jouer avec le salut éternel d'une âme il exposera le sien aussi à la légère. Il suffit de voir les angoisses et les souffrances des directeurs à ce moment redoutable, pour comprendre qu'ils n'agissent pas par ambition ou poussés par tout autre motif plus ou moins avouable.

Non seulement le prêtre vous éclairera sur le but de votre vie, mais il vous aidera à l'atteindre. En suscitant en vous de généreux enthousiasmes, il s'efforcera de vous faire tirer le meilleur parti de vos talents et

---

(1) Mgr DUPANLOUP. — *L'Éducation*

de vos aptitudes. Il vous parlera des grandes causes qui sollicitent votre dévoûment. Il vous fera aimer le devoir en vous le présentant sous ses côtés séduisants, sans toutefois vous en dissimuler la réelle austérité. Il éveillera en vous le sens profond de la responsabilité et fera de vous des hommes de conscience. Il vous détournera de la créature en faisant rayonner à vos yeux l'infini, des amours qui s'en vont en vous parlant des amours qui demeurent, de la jeunesse qui se flétrit en vous faisant admirer la jeunesse sans déclin. Il écartera le mirage des plaisirs sans nom, sans saveur et sans gloire; il vous arrachera à la séduction, en vous disant : Regardez l'Éternité! Là plus de soleil qui décline, plus d'étoiles qui s'en vont, plus d'amours qui s'effacent, plus de beautés qui s'éteignent! Là Dieu, l'infini.

De ces entretiens qui tiendront constamment votre âme tendue en haut, vous sortirez meilleurs, plus courageux pour soutenir le bon combat contre les ennemis de vos âmes; pleins d'entrain pour vous donner sans compter à l'apostolat du bien. Éclairés par les lumineux enseignements de votre directeur, stimulés par ses pressantes et viriles exhortations, vous marcherez d'un pas allègre et sûr dans la voie de la perfection personnelle et du dévoûment aux autres. Cette vie, dont il vous aura montré toutes les ressources, vous voudrez la vivre plus pleinement et la dépenser plus utilement.

*
* *

Quand on est faible et qu'on a conscience de son infirmité, on sent au fond de son cœur le besoin d'un être fort et intrépide, qui vous sauve. Les petits enfants ne s'y trompent pas. Que demandent-ils ? Une mère, c'est-à-dire un être fort. Une âme qui se débat contre la violence de ses passions ne s'y trompe pas davantage : que réclame-t-elle ? Un rayon d'en haut qui lui montre le chemin, une volonté énergique qui lui donne l'impulsion et un bras tendu qui la relève.

Un jour viendra où vous connaîtrez les angoisses du doute et de la tentation. Que faire alors ? sinon aller à celui qui peut être *votre soutien*, au prêtre.

Des doutes, qui donc n'en a pas à cet âge où s'éveillent en vous les passions, où vous ressentez des impressions étranges qui alarment votre conscience, où des rêves mauvais hantent votre imagination ; à cet âge où en marge des dogmes de la foi, se posent les premiers points d'interrogation ?

Ces vérités troublantes sur les mystères de la nature qu'un jour vous devrez nécessairement connaître, il faut pour les enseigner au moment opportun, un homme grave et prudent. Votre directeur est là. Confiez lui les énigmes qui le jour et la nuit vous poursuivent. Après s'être agenouillé avec vous au pied de son Crucifix, et après avoir demandé au ciel de garder ses lèvres pures et votre âme haute, il vous dira, au nom de Dieu et sous son regard, ce que vous devez savoir. La révélation scientifique du mal venant de lui, vous sera inoffensive.

De grâce, n'essayez pas de résoudre seuls ces problèmes en vous livrant à des recherches curieuses et malsaines.

Surtout n'en demandez pas la solution à ceux qui n'ont pas mission pour vous renseigner, et qui parfois, corrompus eux-mêmes, profiteraient de votre ignorance pour vous pervertir. Que de jeunesses dévastées pour avoir voulu, selon le mot de Schiller, aller à la vérité par une voie coupable!

Au cours de vos lectures, de vos conversations, des objections contre la foi ont surgi dans votre esprit. Au lieu de les laisser s'acclimater en vous et d'en chercher la solution dans des livres suspects ou auprès d'hommes incompétents qui, sous prétexte que vous avez le droit de tout connaître, vous enseigneront l'erreur, recourez aux lumières de votre directeur. Il mettra à votre disposition sa science théologique. Avec lui vous étudierez ce point obscur et votre foi, plus éclairée à la suite de ses explications, s'affermira davantage.

Aux heures sombres de la tentation, il sera encore là pour vous aider et vous encourager. Il vous montrera comment on peut tirer parti de cette redoutable épreuve permise par Dieu pour notre bien. Il vous dira comment par elle nous pouvons arriver à cette connaissance de soi-même si difficile et si indispensable. Ouvrière de Dieu dans nos âmes, la tentation cherche le défaut de notre cuirasse et s'acharne à y enfoncer droit le trait. Il n'y a rien de saint pour elle, ni amitié, ni vertu. Elle éprouve tout, elle frappe tout de son marteau et veut bien s'assurer que nous n'avons pas en nous de fausses pierres précieuses. C'est elle qui nous donne la vraie mesure de ce que nous sommes et avant qu'elle nous ait mis à l'épreuve, nous sommes comme des enfants qui ouvrent les yeux et semblent étonnés de tout ce qui les entoure, comme des soldats qui n'ont jamais vu le feu. Hélas, le résultat des découvertes qu'elle nous fait faire en nous-mêmes n'est pas très flatteur, et en nous regardant dans le miroir qu'elle nous présente nous n'avons pas lieu de nous enorgueillir de notre beauté morale. C'est là précisément le grand avantage de la tentation de nous faire voir tels que nous sommes, parce que du fumier de notre néant où elle nous couche, comme Job, nous levons vers celui qui peut tout et qui seul peut nous sauver des regards de détresse, qui feront descendre sur nous la grâce que Dieu accorde toujours aux humbles.

Votre directeur vous dira que loin de vous décourager si les tentations se multiplient et deviennent plus violentes, vous devez en remercier Dieu, non seulement parce qu'il vous donne l'occasion d'acquérir de précieux mérites, mais aussi parce qu'il vous met entre les mains un puissant instrument de perfectionnement moral. La tentation grandit et monte notre vertu quelquefois jusqu'à l'héroïsme. C'est, en effet, une loi que tout en ce monde se développe et s'accroit par l'exercice et la lutte. La vertu, nous l'avons vu, n'échappe pas à cette nécessité, et on n'acquiert cette habitude du bien qu'au prix de nos sueurs et du sang de notre âme. Les vertus trop facilement acquises et qui semblent pousser d'elles-mêmes sur une terre propice, deviennent facilement des faiblesses et souvent des vices. C'est la tentation qui, pour une grande part, donne à notre vertu cette trempe de l'acier le plus dur qu'aucune flamme impure n'amollira; c'est le coup de vent qui semble devoir emporter l'arbre et qui ne fait que l'affermir. La vertu qui n'a point été tentée que sait-elle? Prenez le naturel le plus calme, le plus doux et le plus patient. Qu'est-ce que cette douceur, cette patience, s'il ne s'est jamais trouvé une occasion pour les mettre à l'épreuve, si les tracasseries misérables, les injures impudentes, les revers de fortune, les trahisons de l'amitié, si mille tentations importunes ne sont venues tout à coup l'assaillir? Tange montes et fumigabunt! Touchez du bout du doigt, à l'endroit sensible, car il y en a un, ces colonnes de vertu, et les paroles amères, les gestes de dédain, s'en échapperont comme une fumée nauséabonde.

En vous aidant à vaincre le mal, le prêtre vous rendra fort pour les combats de l'avenir; en vous montrant dans la tentation d'utiles et nécessaires remèdes contre la présomption et l'orgueil, il vous apprendra, ce qui est le secret de la perfection, à être plus humbles et à être remplis de charité et de bonté pour ceux qui tombent et au nombre desquels vous pouvez être demain.

Si un jour vous cédiez à la tentation, oh! alors, ne laissez pas, en gardant pour vous seuls votre secret, le mal accomplir son implacable ravage dans votre cœur et en détruire une à une toutes les fibres les plus délicates ; mais aussitôt, recourez à votre directeur. Il vous accueillera avec d'autant plus de bonté que vous êtes plus malheureux. Il vous ouvrira ses bras, et de ses lèvres tomberont sur vous des paroles de pardon et de réconfort. Il pansera toutes les blessures de votre âme et vous gardera contre le découragement. Comment pourrait-il n'être pas indulgent? Ne représente-t-il pas le Dieu des infinies miséricordes? N'est-il pas homme comme vous? Vos faiblesses ne l'étonneront pas. Dans l'histoire de vos épreuves et de vos chutes, il reconnaîtra peut-être sa propre histoire. Il compatira à vos misères, si nombreuses et si grandes qu'elles puissent être. Il sait pour en avoir fait souvent l'expérience que, suivant le mot du plus malheureux de nos poëtes : (1)

> .... rien n'est meilleur à l'âme
> Que de faire une âme moins triste.

(1. P. VERLAINE. — Sagesse, I, XVI.

✶

Vous comprenez maintenant cette parole de Joubert : « Le plus grand bonheur de l'âme sur la terre est de rencontrer une fois dans sa vie un véritable homme de Dieu. Les bons prêtres sont les meilleurs amis que nous puissions avoir et les meilleurs guides qui puissent nous conduire dans le chemin de la vertu. » Convaincus de la nécessité d'un directeur, vous voudrez avoir le vôtre.

Où trouver ce directeur ?

La Sainte Écriture nous demande de le choisir entre mille. Et saint François de Sales renchérit encore et nous dit de le choisir entre dix mille. Dans cette recherche n'allez pas au hasard et surtout ne vous laissez pas guider par la mode qui pousse tantôt vers l'un, tantôt vers l'autre. Allez à celui qui semble mieux vous convenir, qui comprend les aspirations de votre âme.

Quand vous aurez trouvé ce directeur, ouvrez-vous à lui avec confiance et simplicité, en lui révélant tout du passé et le tenant au courant des moindres choses du présent. Que votre loyauté lui permette d'user avec vous de la plus grande franchise. Que de jeunes gens sont atteints de cette mauvaise délicatesse dont parle Pascal et « qui oblige ceux qui sont dans la nécessité de reprendre les autres, de choisir tant de détours et de tempéraments pour éviter de les choquer! Il faut qu'ils diminuent nos défauts, qu'ils fassent semblant de les excuser, qu'ils y mêlent des louanges et des témoignages d'affection et d'estime » (1). Le directeur doit pouvoir sans inconvénient tenir le langage austère qu'employait parfois le Père Lacordaire avec les jeunes gens qui s'adressaient à lui. « Tant que vous vous ouvrirez à moi, tant que je ne vous rebuterai pas par la franchise avec laquelle je vous montrerai vos défauts et vos vices, rien ne sera perdu ; mais le jour où vous sentirez que je vous pèse, ce seront l'orgueil et la volupté qui seront vos maîtres, et vous deviendrez capables de tout, sauf peut-être de manquer à l'honneur selon le monde... Oh! combien je désire vous sauver! Combien j'ai fait d'efforts pour vous ouvrir les yeux du côté de Jésus-Christ! »

Tant que le directeur parle de choses indifférentes, qu'il est un causeur disert et un compagnon agréable, tout va bien. Mais le jour où il veut entrer dans le vif de l'âme, il devient gênant. On diminue les visites et finalement on va tenter fortune ailleurs. Il faut une certaine dose de courage pour s'entendre dire des vérités qu'on a de la difficulté à s'avouer à soi-même.

Vous irez au prêtre avec franchise et aussi souvent

---

(1) *Pensées*. — Des puissances trompeuses, XI.

que vous en aurez besoin. On a comparé l'âme à un mécanisme qui, de temps en temps, a besoin d'être réglé et remonté. Quand vous sentirez que les ressorts de votre volonté se détendent, que vous êtes au bout de votre provision d'énergie, n'hésitez pas à frapper à la porte de votre directeur. Vous objecterez peut-être que vous craignez de le déranger, qu'il a les occupations de son ministère, qu'il a bien autre chose à faire que de s'occuper de vous et de vos petites histoires. Le prêtre est à vous. Ce n'est pas un étranger, c'est un ami. Comment n'aimerait-il pas des âmes jeunes semblables à ces terres vierges, qui appellent les nobles semences ; que les grandes brises d'En-Haut, celles qui soutiennent les puissants essorts, trouvent toujours déployées. Le Christ, son maitre et son modèle, les a particulièrement chéries il les attirait à lui et se plaisait en leur compagnie. Il les aime aussi parce que au contact de ces cœurs pleins de générosité, d'ardeur et d'élan, son cœur conserve cette précieuse jeunesse qui lui permet de se donner toujours et sans cesse aux œuvres de Dieu. N'a-t-on pas dit que le plus grand soutien d'une vie sacerdotale était la connaissance intime de certaines âmes pures ? « Je ne puis me passer de vous, écrivait le P. Lacordaire à un jeune étudiant, je vous aime autant qu'une créature qui aime Dieu peut aimer une autre créature qui l'aime aussi. » — « Je vous prie, disait-il à un autre, de me conserver toujours votre affection, si nécessaire à mon bonheur. La mienne vous est plus que donnée ; il ne serait pas en mon pouvoir de vous la retirer ou d'en affaiblir même le sentiment. Vous serez éternellement sur mon sein comme un fils et un ami » (1).

---

(1) Ouvrages à lire : *Les Lettres du P. Lacordaire aux jeunes gens* (Douniol, Paris); — *L'Éducateur apôtre* et *La culture des vocations*, par GUIBERT (Poussielgue, Paris); — *Conseils aux Jeunes Gens*, par le P. OLIVAINT; — *Le P. Lacordaire, apôtre et directeur des jeunes gens*, par le P. H. D. NOBLE, O. P. (Lethielleux, Paris); — *Le Prêtre éducateur*, par le P. LÉCUYER, O. P. (Lethielleux, Paris).

X

La gymnastique de la volonté. Les habitudes.

X

La gymnastique de la volonté.
Les habitudes.

Pour devenir un homme de caractère, il ne suffit pas de se connaître, de nourrir son esprit de réflexions sérieuses et son cœur d'affections légitimes et fortifiantes ; ce qu'il faut, et cela est plus nécessaire que l'aide des amis et l'appui du directeur, c'est le travail personnel intense, sans lequel nous ne pourrons jamais rendre notre volonté forte, ni la doter de ces habitudes vertueuses qui nous permettront de faire quelque chose et d'être quelqu'un.

Notre volonté, comme toutes nos puissances, se perfectionne par ce qu'on appelle en philosophie, *des habitudes, c'est-à-dire des qualités permanentes qui donnent à une faculté la facilité intérieure d'être mise en action* (1). Qui dit vertu, dit habitude morale bonne. En effet, la vertu n'est pas seulement un instinct qui nous porte vers le bien, ni un attrait qu'exerce sur nous tout ce qui est beau et grand, ni une

---

(1) THOMAS D'AQUIN. — I, II₂. Quest. LV, art. 3.

disposition passagère et intermittente qui nous fait accomplir le bien à certaines heures de notre vie ; c'est, d'après saint Thomas d'Aquin, une inclination de notre âme vers le bien sous toutes ses formes, inclination profonde, voulue, pratique, constante.

Quelle perfection l'habitude apportera-t-elle à notre volonté ? En donnant à nos inclinations une pente quasi naturelle vers leurs actes, en mettant plus de fermeté et d'esprit de suite dans nos vouloirs, elle nous fera échapper à cette mobilité qui nous pousse tantôt dans un sens, tantôt dans un autre. Nous ne serons plus à la merci des circonstances qui font que les jours où nous sommes bien disposés tout est parfait, tandis que le lendemain, si nous ne sommes plus dans le même état, par suite d'événements intimes ou d'accidents physiques comme les changements de température, tout va mal. De plus, nous faisant agir promptement, — les actes auxquels on est habitué s'accomplissent sans retard, — l'habitude nous débarrassera de ces hésitations, de ces tergiversations par suite desquelles nous sommes toujours en suspens et nous ne savons jamais à quoi nous résoudre. Enfin, l'habitude créant en nous comme une seconde nature, nous agirons non plus avec répugnance, mais avec une certaine joie (1).

Ces habitudes, il faut les acquérir ! C'est là la pierre d'achoppement des âmes sans énergie. Dans ce tra-

---

(1) S. THOMAS. — *De virtut. in commun.* Quest. I, art. 1.

vail nous rencontrerons plus ou moins de difficultés suivant nos dispositions individuelles. Mais, même chez les natures les plus heureusement douées, que d'obstacles à vaincre, que de faiblesses à déplorer ! Pour tous, la tâche est rude. Il faut aller de l'avant, toujours, semblables à des rameurs entraînés par un courant rapide.

Comment creuser dans notre organisme ce sillon du bien ? De même que la gymnastique physique développe le corps, assouplit les muscles par la répétition des mêmes exercices, de même notre volonté *se fortifiera par la répétition des mêmes actes.*

Un premier acte répugne souvent. Accomplissez-le quand même. Un second vous coûte déjà moins. Multipliez-les, l'effort ira toujours diminuant et insensiblement la peine que vous éprouvez au début, se transformera en joie. Ainsi vous avez pris la résolution énergique de lutter contre une passion qui vous tyrannisait depuis de longues années. Votre volonté, enchaînée par cette habitude mauvaise, est, semble-t-il, incapable de faire le moindre effort pour secouer ce joug humiliant. Essayez au moins de lutter. Le premier corps à corps sera terrible, sanglant. L'engagement suivant sera moins vif, et ainsi de suite. Si vous ne lâchez pas pied, si votre courage ne défaille pas, votre volonté retrouvera son empire et de nouveau elle affirmera sa maîtrise sur cette passion révoltée. Avec le temps, cet allié si précieux de notre affranchissement, une habitude bonne aura terrassé sa rivale, l'habitude mauvaise.

Comme François de Sales, vous êtes irascible et emporté ; vous pouvez comme lui, devenir un ange de douceur, si vous luttez sans relâche contre les saillies de votre tempérament. Ou bien comme Vincent de Paul, ce type de la charité universelle, vous êtes d'une humeur mélancolique et dure qui rend votre visage sombre et austère, plus propre à éloigner qu'à attirer ceux qui souffrent ; vous pouvez, par vos efforts devenir bon et affable pour tous.

N'y a-t-il que les grandes actions qui soient capables de tracer en nous ce sillon ? « De même qu'une excursion au Mont-Blanc se résout en quelques myriades de pas, d'efforts, de sauts, d'entailles dans la glace; de même, la vie des plus grands savants se résout en longues séries d'efforts patients. Agir, c'est donc accomplir mille menues actions. » Bossuet, qui fut un admirable directeur de conscience, « aux grands efforts extraordinaires où l'on s'élève par de grands élans, mais d'où l'on retombe d'une chute profonde, préférait « les petits sacrifices qui sont quelquefois les plus crucifiants et les plus anéantissants, les gains modestes, mais sûrs, les actes faciles, mais répétés et qui tournent en habitudes insensibles... peu suffit à chaque jour si chaque jour acquiert ce peu... » (1) En effet, l'homme courageux n'est point celui qui accomplit quelque grand acte de courage,

---

(1) Cf. *Bossuet*, par LANSON.

mais bien celui qui accomplit courageusement tous les actes de la vie. C'est l'élève qui, malgré sa répugnance, s'oblige à se lever afin d'aller chercher un mot dans le dictionnaire, qui achève sa tâche malgré le désir de paresser, qui termine la lecture d'une page ennuyeuse. C'est par ces mille actions insignifiantes en apparence que se trempe le vouloir : « toutes œuvres donnent accroissement. » Nous devons, à défaut de grands efforts, en accomplir à toute heure, de petits, excellemment et avec amour. La grande règle c'est d'échapper, jusque dans les plus petites actions, à la vassalité de la paresse, des désirs et des impulsions du dehors. Nous devons même rechercher les occasions de remporter ces petites victoires. On vous appelle pendant votre travail, vous avez un mouvement de révolte : aussitôt levez-vous, contraignez-vous à aller vivement et joyeusement où l'on vous appelle. Après le cours un ami veut vous entraîner, le temps est très beau : vivement rentrez travailler ! La devanture de ce libraire vous attire à l'heure où vous rentrez : passez de l'autre côté de la rue et marchez rapidement. C'est par de tels « crucifiements » que vous vous habituerez à triompher de vos penchants, à être actif partout et toujours.... lors même que vous dormez ou flânez, que ce soit parce que vous avez voulu ce repos. C'est ainsi que sur les bancs mêmes du lycée, à l'étude, l'enfant apprend une science plus précieuse que le latin ou les mathématiques :

la science de se maîtriser, de lutter contre l'inattention, contre les difficultés rebutantes, contre l'ennui des recherches dans le dictionnaire ou la grammaire, contre le désir de perdre le temps à rêver » (1).

Dans cette conquête, ne vous laissez jamais décourager par les échecs ou les difficultés. Les commencements sont pénibles. Aucune de vos actions n'est perdue ; chacune apporte à la formation de l'habitude sa quote-part. Chaque victoire, si petite soit-elle diminue l'effort du lendemain.

Vous ne serez pas un homme de caractère dès le premier jour de votre conversion. De même qu'on s'initie à un métier par un apprentissage, de même on arrive à être un homme de volonté en s'exerçant à vouloir, en ne laissant rien au hasard.

Les jeunes gens auront soin de se dresser un règlement de vie qui les guide et les soutienne. Que cette règle, bien à votre mesure, ne soit pas trop rigide ni trop lâche, qu'elle garde, tout en fixant l'emploi des heures du travail et du repos, assez de souplesse, pour ne pas devenir un obstacle à votre activité. Rien ne profite autant au caractère qu'un programme de vie bien ordonné, si on lui est fidèle. Les bonnes habitudes s'acquièrent rapidement et les mauvaises disparaissent presque sans qu'on s'en aperçoive.

---

(1) J. PAYOT — *Éducation de la Volonté*, p. 135 et 136

⁎⁎⁎

Les jeunes gens, en très grand nombre, sentent combien cette nécessité de travailler à devenir un homme de caractère est impérieuse. Ils le proclament avec conviction dans des discours chauds et vibrants. Beaucoup espèrent même réaliser dans un avenir plus ou moins lointain cet idéal qu'on leur fait entrevoir. Mais en attendant, ils s'amusent.

Il faut que jeunesse se passe, disent-ils. Quand je serai plus âgé, je travaillerai à donner à ma vie sa plus haute valeur et son meilleur rendement. A plus tard la préparation efficace! Dieu veuille que ce plus tard arrive un jour!

Jeunes gens, vous vous trompez. Pensez-vous que c'est en perdant votre temps, en ruinant votre corps, en atrophiant votre esprit, en laissant un lambeau de votre cœur aux pieds de toutes les idoles, que vous vous tremperez le caractère et que vous vous préparerez un avenir fécond et honorable! Ce que vous aurez été jeunes, règle générale, vous le serez vieux. « L'homme, dit l'Écriture, suivra la voie de son adolescence, il ne s'en écartera pas même dans sa vieillesse » (1). « Le temps ne fortifie dans les êtres que ce qu'il y trouve; et s'il y trouve le vice, il le scelle de jour en jour d'un sceau plus puissant. Ne vous figurez pas que le vieillard respire sous ses

---

(1) Prov. XXII, 6.

cheveux blancs le calme d'une tempérance qui lui soit comme innée. Cela est vrai de l'homme qui a combattu ses passions dès l'aurore de sa liberté, et qui leur a fait prendre vers le ciel une route d'autant plus sûre qu'elle coûtait plus d'efforts. Mais l'homme qui a lâchement abandonné les rênes de son âme, qui a compté sur l'âge et sur la vertu, celui-là ne reçoit de la vieillesse que l'opprobre, au lieu du secours. Les ressorts de sa volonté, détendus par une longue déshabitude de l'empire sont impuissants à le gouverner, et son intelligence, corrompue par les images séculaires de la volupté, suscite de ses os une fumée qui l'enivre et ne lui permet pas de demander au sommeil une pureté que lui refuse le jour. Ne tournez donc point vos espérances vers le temps ; ce temps ne vous amènera que la maturité de vos vices ou de vos vertus. Commencez en vous, dès cette heure, le règne des choses que vous aimez, le règne du bien, si c'est le bien qui a vraiment votre amour » (1).

Ce travail est l'œuvre de toute la vie, mais c'est tout particulièrement l'œuvre de la jeunesse.

Dans votre âme tendre et délicate, il n'y a pas encore de mauvaises habitudes. La divine semence des vertus y trouvera donc un terrain propice, où elle pourra se développer et s'épanouir. La jeunesse est l'heure féconde, la joyeuse saison des semailles.

---

(1) P. LACORDAIRE. — *Conférences.*

Si dans ce temps sacré vous ne semez rien, pouvez-vous avoir l'espérance de récolter ? *Quæ seminaverit homo, hæc et metet*, disait saint Paul aux chrétiens de la primitive Église. Si jeunes, tandis que vos facultés sont facilement maniables, vous ne faites rien par vous-mêmes, si vous vous habituez à laisser les autres vouloir pour vous, vous arriverez à cette période de votre vie où vous devez vous conduire seuls, et vous en serez incapables. Une force qui n'est pas exercée est condamnée d'avance à la stérilité et à la destruction. L'inaction c'est l'anémie, puis l'atrophie et enfin la mort.

De plus, quel temps plus favorable que la jeunesse pour entreprendre la conquête de certaines vertus plus difficiles? N'y-a-t-il pas dans vos cœurs que le mal n'a pas encore ravagés d'immenses réserves d'énergie, de générosité et de vaillance? La lutte, a-t-on dit, est le caractère de l'âge où vous vous trouvez, mais une lutte féconde où chaque victoire vous raffermira dans la puissance de vaincre, et enfoncera l'ancre de vos destinées dans le sol de l'Éternité.

Si, à votre âge, vous ne luttez pas pour le bien, et c'est ma dernière raison, vous vous laisserez envahir par le mal. Il faut que les passions se courbent sous l'empire de la volonté, que le devoir prenne le pas sur le plaisir et que la conscience règne en souveraine au lieu de prendre la lâche habitude de ces capitulations où, en échange d'une joie éphémère, on sacrifie l'honneur. A défaut d'habitudes vertueuses vous contracterez des habitudes vicieuses, c'est fatal. Si la volonté, « complice des passions naissantes, n'exerce son indépendance que contre la discipline et la raison, elle se lie par là et abdique, elle se trahit elle-même et risque de ne jamais se ravoir. Dramatique tableau, que celui des misères d'une âme originellement bonne, mais déchue, et chaque jour plus affaiblie par ses faiblesses, qui sait les fatalités qu'elle se crée, les voit venir et croître, les déplore et n'a pas la force de s'y soustraire ! On porte en rougissant une chaîne à la fois détestée et aimée : il en coûte de la porter, mais il en coûterait plus encore de la rompre : on ne la quitte un moment que pour y revenir. Cette nostalgie des habitudes prises, cette lâcheté morale qui se connaît, est une vraie maladie, douloureuse et à plaindre. Or, le point de départ en est le plus souvent dans les premières défaillances de l'adolescent. Mille liens enlacent la volonté dès qu'elle s'abandonne » (1). Vous gémirez plus tard sur les mauvaises habitudes que vous traînerez comme un boulet; vous souffrirez la plus cruelle des passions, celle qui consiste, quand on a un peu de noblesse d'âme, à se sentir toujours entraînés aux mêmes ignominies. Il vous eut été facile au début d'éviter ces actions en apparence insignifiantes, causes cependant de

---

(1) H. MARION. — *De la solidarité morale*, p. 144.

votre déchéance. N'oubliez jamais quand vous êtes entraînés au mal, que l'action que vous êtes sur le point d'accomplir, peut avoir une douloureuse répercussion sur toute votre vie. Si la beauté morale ne vous séduit pas, qu'au moins la pensée de vos intérêts vous touche.

Jeunes gens, si vous voulez être des vainqueurs, luttez et établissez triomphante la vertu dans votre cœur ; creusez profondément, même au prix des plus héroïques sacrifices le sillon du bien ; exercez vos facultés par cette gymnastique fatigante, c'est vrai, mais fortifiante, de l'habitude. Si au contraire, vous n'avez pas ce courage, si vous voulez être des vaincus du mal, laissez-vous traîner à la remorque de tout ce qu'il y a de bas en vous. Votre volonté sera rapidement annihilée et votre cœur ravagé et flétri. Esclavage ou Liberté, voilà où nécessairement vous devez aboutir (1).

---

(1) Les lecteurs étudieront avec profit les traités de *la Somme théologique* de saint Thomas que nous signalons au cours de ces études. Si le texte leur paraît trop aride et s'ils n'y sont pas préparés par leurs études antérieures, ils liront avec profit les auteurs qui, comme Gardair, ont essayé de vulgariser le grand docteur, dont l'enseignement, recommandé avec tant d'insistance par les Papes, est toujours si plein d'actualité. — Une édition française de la *Somme* de saint Thomas, avec Commentaires, éditée par le R. P. Pègues, O. P. paraît chez Privat, à Toulouse — A lire, mais avec prudence et discernement : *L'Education de la volonté* par J. PAYOT, chez Alcan.

XI

Le travail et la peine.

XI

Le travail et la peine.

Est-il de nos jours une chose plus mal comprise que le travail ? Beaucoup ne le considèrent que comme une pénible nécessité à laquelle on ne se soumet que pour gagner son pain. C'est une corvée qu'on n'accomplit qu'en rechignant. Loin d'aimer le travail on le haït.

Dans les classes aisées, il semble qu'on ait honte du travail. Autrefois, la maîtresse de maison elle-même ne dédaignait pas de prendre une part active aux travaux du ménage, alors que son mari s'en allait surveiller ses ouvriers aux champs et conduire parfois la charrue. Aujourd'hui les femmes passent leur temps à leur toilette ou dans des relations mondaines et les hommes s'en vont au club. On enseigne aux jeunes gens tous les arts d'agrément qui feront d'eux des gentilshommes élégants et recherchés, et on pense qu'avec une telle éducation, ils pourront, leur nom aidant, faire aisément leur chemin dans la vie. Que deviendront ces jeunes gens si des jours d'épreuves et de ruine surviennent ?

Ils ne sauront même pas gagner honnêtement leur vie.

Les travailleurs eux-mêmes n'osent plus se montrer tels qu'ils sont. On dissimule sous des gants des mains noircies par la fumée ou devenues calleuses par le maniement de l'outil.

Les jeunes gens ne veulent plus travailler aux durs métiers. Ils rêvent de situations où ils pourront gagner facilement leur vie. On les voit en masse déserter les champs de leurs ancêtres. Le travail des mains à la campagne où à l'usine leur apparait comme une déchéance et il semble qu'ils s'ennoblissent en quittant la pioche pour la plume, le métier pour le comptoir du commerçant ou le rond de cuir d'une administration.

Cette horreur du travail dans les hautes classes comme dans le peuple vient de ce qu'on en a perdu la vraie notion.

La loi du travail est contemporaine du décret qui nous investissait de la souveraineté sur les créatures inférieures. L'homme, est-il dit au *Livre de la Genèse*, fut placé dans le Paradis de délices pour travailler. Dieu avait tout créé mais il n'avait pas mis la dernière main à son ouvrage. Il laissait au travail de l'homme le soin d'en obtenir encore des perfectionnements, de découvrir et d'utiliser les forces emmagasinées dans l'univers. Sous ses mains laborieuses, la matière, les plantes devaient prendre comme une vie nouvelle dans mille inventions, mille chefs d'œuvre artistiques.

Le travail vient de Dieu, voilà la raison fondamentale de sa dignité. On a imaginé toute espèce de divisions du corps social. Sans supprimer aucune distinction, je prétends qu'il n'y a dans la société que deux grandes classes, la classe des nobles, c'est-à-dire de ceux qui méritent d'être connus, puis la classe des ignobles, c'est-à-dire de ceux qui méconnaissent la dignité du travail, qui le portent en murmurant, qui le répudient (1)

Dans notre monde si divisé il n'y a donc en réalité quand on va au fond des choses, que la classe des travailleurs, des honnêtes gens qui ont à cœur leur ouvrage, et la classe des fainéants, des jouisseurs qui ne font rien d'utile ou des manœuvres qui sabotent leur besogne.

Afin de bien montrer que le travail était la loi et en même temps la gloire du genre humain, le Christ qui venait sur terre pour nous sauver et nous réhabiliter a voulu se faire ouvrier et de préférence, il a choisi le travail des mains que les philosophes regardaient comme indigne d'un homme libre.

Quoi de plus capable de relever le travail à nos

---

(1) Cf. P. MONSABRÉ, O. P. — *Conférences de Notre-Dame*, 1880 4ᵉ Conférence. (Lethielleux, Paris).

yeux que de voir un Dieu s'y livrer pendant près de trente années de sa vie mortelle.

Je comprends très bien que le travail apparaisse gris et terne à ceux qui ne le regardent que du dehors. Quoi de plus banal, en effet, que certaines occupations matérielles auxquelles la grande multitude des hommes doit se livrer ?

Cela ressemble un peu à ces verrières de nos très vieilles cathédrales françaises. Regardez-les du dehors, tout se perd dans une grisaille monotone. L'effet est plutôt grotesque. Franchissez le seuil et pénétrez sous ces voûtes élancées, tout change. Sous le jeu merveilleux du soleil les couleurs s'accusent, les lignes se dessinent, les personnages s'animent. C'est une vraie fête des yeux. Il en est de même de l'activité humaine. Il faut passer à travers l'insignifiance des formes et aller jusqu'au dedans, pour y découvrir tout ce qu'il y a de noble et de divin dans le travail.

* * *

Que le travail manuel, accompli dans des conditions d'hygiène nécessaire au maintien de la santé, développe les forces physiques, c'est là un fait évident. Il n'y a qu'à regarder l'ouvrier et surtout le travailleur des champs, aux muscles solides et au tempérament vigoureux, pour constater que leurs forces corporelles, loin de diminuer s'accroissent plutôt par leur activité elle-même. Il en est de même du travail de l'esprit. Ce que l'on constate moins facilement c'est que *le travail concourt au développement de la volonté*, et par l'activité qu'il suppose et aussi par l'effort qu'il demande.

Tout travail exige la mise en marche de nos facultés intellectuelles et physiques vers un but déterminé. C'est précisément dans cette orientation de toutes nos forces dans une direction unique et constante que notre volonté trouve un moyen de se développer et de se fortifier.

Le paresseux qui passe son temps à flâner, comme celui qui aujourd'hui entreprend une chose, puis demain une autre sans en finir aucune, n'auront bientôt plus aucun vouloir. Ils ressemblent à ce coureur de piste qui au lieu de subir des marches d'entraînement, croit qu'il n'y a rien de meilleur pour affronter la lutte et gagner le grand prix que de s'y préparer par des semaines entières de repos absolu. Quand viendra le moment d'entrer dans la lice, ses jambes fléchiront et il sera vaincu à la première étape.

Le laborieux, au contraire, tous les jours et dans le même sens, applique à sa volonté cette loi physique de la continuité du mouvement, par laquelle l'impulsion présente s'appuie sur toutes les impulsions antérieures, s'enrichit de toute leur vertu, crée une force qui se joue de la résistance et qu'aucune barrière n'arrête.

La volonté ainsi fortifiée par le travail, qui l'oblige à vouloir et à faire toujours la même chose, lui rend avec usure ce qu'elle a reçu de lui. Elle accumule et livre à son emploi des ressources qu'il n'eût jamais connues. Elle le prépare à vaincre le plus grand ennemi de l'homme, qui, dompté par elle, change de caractère et devient tout d'un coup son plus grand ami, l'obstacle. Loin de se laisser vaincre par lui, les volontés supérieures s'en servent comme d'un levier pour monter plus haut.

Combien, en notre temps, n'avons-nous pas vu se monter de colossales entreprises industrielles ou financières, dont les auteurs n'avaient au début pour tout capital, qu'un grand amour du travail et une volonté de fer. Ils ont rudement peiné et, malgré les obstacles, ils sont parvenus à réaliser des œuvres bien supérieures à celles qu'ils n'avaient jamais osé rêver.

Le travail produit aussi dans sa mesure, ce calme, cette force d'âme, cette fermeté que rien ne surprend ni n'ébranle, cette rectitude de mouvement qui ne fléchit pas aux détours des sentiers obscurs et tortueux, ouverts sur chaque bord du droit chemin pour égarer et déshonorer les pas de l'homme (1).

Tout travail, depuis la chute originelle, *demande*

---

(1) F. A. VUILLERMET. — *La Mission de la Jeunesse contemporaine*, ch. XVI.

des efforts. On n'entreprend rien sur cette terre sans se faire violence, on ne conduit rien sans fatigue, on n'achève rien sans angoisse. Et cependant, à tout prix l'homme veut éviter la peine et pour cela il va parfois jusqu'aux pires lâchetés, lui préférant souvent la honte.

C'est là une grave erreur. L'homme ne vaut qu'en raison de la peine qu'il se donne. Rien n'est supérieur pour tremper un caractère et préparer à la vie. On dit volontiers que les plus forts, les plus énergiques sont ceux qui dans leur jeunesse ont mangé un peu de vache enragée, car de toutes les viandes de boucherie c'est la meilleure pour la culture de l'énergie morale.

« Malheur à ceux qui, en venant au monde, ont trouvé un nid de duvet dans lequel une tendresse immodérée les a couvés trop longtemps, au delà de l'enfance... Malheur à ceux qui ont vu toutes les portes ouvertes devant eux, qui n'ont pas eu la moindre roche dure à briser sur leur route, le moindre sommet sourcilleux, anguleux, audacieux à gravir. Ces êtres-là ne sont pas de bronze, mais un vase fragile. Qu'en voulez-vous faire ? De quoi serviront-ils à la famille, au pays, à l'humanité ? » (1)

Que deviendra ce jeune homme qui n'a jamais connu la peine et qui n'a pas d'autre souci que de manger paisiblement le pain blanc que lui a pétri

---

(1) P. Dubois. — *L'Education présente.*

le travail du père et de la mère ? Un oisif voué à toutes les mauvaises habitudes. Son énergie, par suite du manque d'effort, s'étiolera. N'allez pas lui demander de se dévouer aux œuvres de régénération sociale.

Que lui importe que d'autres hommes n'aient pas le nécessaire, lui il a tout ce qu'il désire, cela suffit ! Son cœur qui n'a jamais connu la souffrance est fermé à la pitié.

Ce n'est pas chez ces oisifs que vous trouverez de grandes et nobles aspirations, ils sont contents de leur situation et n'aspirent pas à autre chose. Ils sont peut-être magnifiquement doués au point de vue intellectuel, s'ils se livraient au travail, ils pourraient faire avancer la science et être utiles à l'humanité. Ils ne feront rien, car pour mettre en œuvre les ressources de leurs facultés, il faudrait peiner et cela ils ne le veulent pas.

Regardez d'où viennent les meilleurs parmi nous ceux qui rendent les plus grands services à leur pays ceux qui se donnent avec plus d'ardeur et de chevaleresque générosité aux œuvres, souvent de très humbles conditions. Les sentiers qui mènent vers les hauteurs sont presque toujours obscurs pour commencer. Ils ont dû passer de dures années d'apprentissage, subir parfois de cruelles épreuves. Ces souffrances de leur jeunesse, loin de les décourager, les ont stimulés, éclairés, formés.

Les plus fécondes expériences de Claude Bernard

ont été faites dans un sous-sol humide du Collège de France. Notre grand Pasteur a passé les premières années de sa vie dans une humble et laborieuse maison de la petite ville de Dôle, en Franche-Comté. Hoche brodait des vestes pour ses camarades et l'argent qu'il en recevait était employé à l'achat de livres de science militaire. Murat était fils d'hôtelier, Laplace, fils d'un pauvre paysan normand, Copernic, d'un boulanger polonais, Christophe Colomb, fils d'un cardeur de laine. Shakespeare est né dans la boutique d'un boucher, Grégoire VII était fils d'un charpentier toscan. Sixte-Quint avait gardé les pourceaux dans son enfance, un seigneur italien lui en faisant un reproche, le pape lui dit finement : « Vous, si vous les aviez gardés dans votre enfance, vous les garderiez encore aujourd'hui. »

Nous pourrions ajouter beaucoup d'autres noms illustres à cette liste.

Tous ces exemples nous montrent comment la volonté, aiguillonnée par la nécessité et par la peine, devient forte quand elle en triomphe. Elle est capable alors de transformer les hommes, elle en fait des princes parmi les autres, elle les couronne de l'auréole de la science, de l'autorité de la vertu, elle en fait les grands instruments des gestes de Dieu parmi leurs semblables.

Beaucoup parmi vous, jeunes gens, auront à souffrir.

Les uns souffriront parce que leurs parents voudront mettre des entraves à leur liberté et les empêcher de faire le bien, quelquefois même, ce qui est plus angoissant, parce qu'ils seront les témoins impuissants et attristés de l'inconduite de ceux qui devraient être leurs maîtres dans la vertu. D'autres seront frappés par des deuils précoces. Ils sentiront combien la solitude pèse à un cœur, privé dès ses premières années, des chaudes caresses d'une mère et de la sollicitude attentive d'un père. Ils marcheront longtemps dans les chemins de la vie, comme des êtres à qui on a arraché un lambeau de leur âme.

Certains, ayant à lutter contre des passions toujours en révolte, s'imagineront, aux heures de crise, que malgré tous leurs efforts, il leur est impossible de réaliser l'idéal de pureté entrevu et que honteusement émasculés par ce vice dégradant, ils ne seront jamais des hommes. Pour d'autres jeunes gens, la pauvreté sera une rude épreuve. Sans compter les froissements d'ordre moral auxquels elle les soumet et les indignités qu'un monde égoïste et orgueilleux leur fait subir, elle les empêche au moins pour un temps de réaliser leur rêve. Ils voudraient faire des études, aller aux Univ sités et la nécessité de manger du pain et d'aider à faire vivre des êtres chers les retient. Et cependant ils disent eux aussi, en se frappant le front, en écoutant battre leur cœur : il y a quelque chose là-dedans, si je pouvais ! Cruelles souffrances que celles de ces jeunes qui, frappés à mort par une maladie impitoyable, sentent la vie, cette vie qu'ils voudraient tant utiliser, leur échapper tous les jours. Pauvres petits !

Je sais pour en avoir été souvent le témoin ému que toutes ces peines sont lourdes à supporter, surtout quand par fierté, pudeur ou par crainte qu'on accueille votre confidence par un sourire ou par une froide indifférence, on garde son secret.

A votre âge, la douleur n'est pas un poison, mais un breuvage fortifiant. La volonté la plus robuste est celle qui en a le plus absorbé. C'est un tonifiant qui met du fer dans les muscles.

Je veux vous signaler un danger qui menace tous ceux qui souffrent et plus particulièrement les jeunes gens.

Vous connaissez cette page célèbre où Pascal met dans un si saisissant relief notre misère et notre néant.

Voici un génie qui travaille. Il est en train, par exemple, de peser les astres et de déterminer leur course magnifique à travers les cieux. Tout à coup, la plume s'échappe de sa main ; il lui devient impossible d'écrire sur la page commencée, un chiffre ou une phrase de plus.

Qu'y a-t-il donc ? Est-ce que, au fond des cieux, une révolution subite vient de se produire ? Notre savant surprendrait-il le bruit d'un cataclysme lointain ? Non.

« L'esprit de ce souverain juge du monde n'est pas si indépendant qu'il ne soit sujet à être troublé par le premier tintamarre qui se fait autour de lui. Il ne faut pas le bruit d'un canon pour empêcher ses pensées, il ne faut que le bruit d'une girouette ou d'une poulie. Ne vous étonnez pas s'il ne raisonne pas bien à présent : une mouche bourdonne à ses oreilles : c'en est assez pour le rendre incapable de bon conseil.

Si vous voulez qu'il puisse trouver la vérité, chassez cet animal qui tient sa raison en échec et trouble cette puissante intelligence qui gouverne les villes et les royaumes » (1).

N'est-ce pas ce qui nous arrive. La moindre peine qui survient nous absorbe au point que nous ne pensons plus à autre chose. Toute tentative généreuse est arrêtée et notre activité menace de s'éteindre. On ne se sent plus le courage de rien entreprendre. La souffrance impose à l'âme cette séquestration rigoureuse, cette sorte d'emmurement volontaire, dont la coutume, en certains pays, fait une loi pour les grands deuils. C'est la paralysie et parfois la mort par le désespoir.

Que la douleur ne vous trouve pas dans de telles dispositions. Loin de la traiter en ennemie, accueillez-

---

(1) PASCAL. — Opusc. *Sur la Souffrance et la Mort.*

la comme une amie et sachez tirer profit de sa compagnie. Sans doute, elle vous fait passer par une fournaise ardente, mais c'est là que s'élaborent les caractères virils. Elle vous servira d'aiguillon et de ressort. Qu'elle soit toujours le cri d'alarme qui vous excite à la recherche de quelque chose de meilleur.

Non seulement il faut supporter les peines que la vie vous ménage, mais il faut les aimer. Si parfois la souffrance vous était mesurée trop parcimonieusement, je vous étonne, n'est-ce pas, allez au devant d'elle. Imposez-vous quelques austérités. Les vies où l'on ne souffre pas sont bien près de la mort. La morale catholique qui est certainement le plus complet système de dressage moral pour préparer aux luttes de l'avenir, oblige ses fidèles à la pénitence. Elle semble n'avoir de tendresse que pour ce qui heurte et violente la nature : le mépris des biens terrestres, l'amour de la pauvreté. Elle impose le jeûne et l'abstinence, exige la lutte jusqu'au sang contre les passions qui sont le plus enracinées dans notre chair.

Une statue du général Chanzy qui eut, à l'heure de nos désastres, l'honneur de défendre pied à pied avec les débris de notre dernière armée, notre territoire envahi, se dresse sur la place principale de Nouart, son pays natal.

Elle représente le général, le bras tendu vers l'Est, et sur le socle on lit ces paroles tombées de ses lèvres : « Que les généraux qui veulent le bâton de maréchal de France aillent le chercher au delà du Rhin! »

Jeunes gens si vous voulez être des hommes, il faut passer par le travail et la peine. La douleur voilà la condition de la fécondité (1).

---

(1) Ouvrages à lire : *La Douleur*, par BLANC DE SAINT-BONNET (Féron-Vrau. Paris) ; — *Les Moines d'Occident*, par le comte de MONTA-LEMBERT (Lecoffre. Paris).

XII

L'obéissance et la discipline.

XII

L'obéissance et la discipline.

La préoccupation primordiale dans l'œuvre de la formation de la jeunesse doit être de faire des hommes vraiment affranchis et libres, des êtres robustement organisés, capables de décision et d'action, qui puissent, après s'être libérés de toutes les servitudes et de toutes les tyrannies, travailler à la réalisation de leur idéal, avec constance et fermeté.

Après le travail et la peine, le moyen pour acquérir la volonté que je veux signaler, c'est *la discipline, l'obéissance*.

Je n'ignore pas qu'en parlant de l'obéissance comme moyen de formation morale je heurte de front bien des préjugés. Le mot seul d'obéissance fait peur. Il répugne particulièrement aux jeunes gens. Ils veulent être eux-mêmes, ce dont je ne les blâme pas, et leur plus grand souci pour arriver à ce résultat, c'est de se défendre de toute influence extérieure. Confondant obéissance avec servitude, cette vertu, car c'en est une, leur paraît la pire des ignominies. La suprême grandeur, d'après eux, c'est de faire son propre vouloir et de ne reconnaître aucune volonté supérieure.

Ils s'imaginent aussi qu'en se soumettant à une règle, ils sont moins hommes, l'obéissance étant, paraît-il, l'apanage exclusif de la jeunesse. Et comme ils veulent être le plus vite possible des hommes, ils rêvent d'indépendance et impatients de tout joug, ils rejettent tout ce qui peut ressembler à une entrave.

Les naïfs, ils ne voient pas qu'il n'y a pas sur terre un seul homme qui n'obéisse pas et que les plus indépendants en apparence sont souvent les plus asservis. A l'âge où l'homme, en pleine possession de toutes ses facultés, se sent le plus fait pour le commandement, la loi de l'obéissance plus que jamais le domine et le soumet à son véritable empire. Le monde n'est-il pas comme une vaste hiérarchie de soumission, où tout homme est appelé à obéir, aujourd'hui, demain, toujours. Le chef d'état qui tient entre ses mains les destinées d'une nation et semble n'avoir pas de supérieur, ne doit-il pas pour se faire obéir par ses sujets, obéir lui-même à la justice et à Dieu. Si indépendant de ses semblables que vous le supposiez, un homme n'est jamais dispensé d'obéir à sa raison qui lui montre le bien et à sa conscience qui le lui commande.

Vos préjugés, s'ils ne viennent pas de votre orgueil et de cet instinct de révolte qui se trouve en chacun de nous, ont pour cause vos fausses notions de l'obéissance. Elle n'est pas, ainsi que vous le croyez, une déchéance. Quand vous obéissez, vous ne vous soumettez pas nécessairement à une puissance qui vous subjugue et vous tyrannise, mais vous vous inclinez librement devant une autorité que vous reconnaissez et qui, comme toute autorité légitime est une participation à l'autorité de Dieu. En obéissant à un homme vous vous inclinez donc devant le Dieu que cet homme représente.

« Des deux conceptions de la volonté qui divisent les esprits, depuis qu'on raisonne et qu'on déraisonne en ce monde, et qui les diviseront aussi longtemps qu'il y aura de jeunes fous et de vieux sages, dit M. de Vogüé, la première est chère à l'enfant, à l'instinctif, à tous ceux dont elle flatte les passions, elle peut se résumer dans ce sophisme : la volonté abdique dès qu'elle accepte un frein, elle se prouve par l'abus même qu'on fait de sa force dans toutes les directions. La seconde est celle de l'homme qui se connaît, ayant regardé au dedans de lui-même et au dedans des autres : la volonté se fortifie, elle se libère dans la mesure où elle se mutile et se refrène... Il faudrait pourtant savoir s'ils se sont tous moqués de nous depuis le collège, nos professeurs de philosophie, les auteurs qu'ils proposaient à notre admiration, les moralistes qui écrivent des traités sur l'éducation de la volonté. Tous ces maîtres tiennent pour la seconde doctrine, tous les aphorismes de la sagesse

humaine en prose ou en vers conseillent l'accep-
tation d'une étroite discipline à quiconque entend
faire de sa volonté un instrument utile et puissant.

J'affirme que l'obéissance loin d'enchaîner la
volonté l'affranchit ; loin de l'affaiblir la fortifie en
l'assouplissant et en augmentant ses énergies. Elle
ne fait pas de vous de grands enfants, mais des
hommes, puisqu'elle développe ce qui est le signe
par excellence de la virilité : la volonté.

L'homme, d'après la philosophie, est un être intelligent et libre, par conséquent maître de ses actes.
Un homme est d'autant plus homme qu'il échappe
davantage aux mille tyrans qui lui disputent l'empire de son être. Il a d'autant plus d'élévation
morale, qu'il résiste plus vaillamment aux influences
extérieures et aux impressions capricieuses du
dedans, et que, en pleine possession de lui-même,
il accomplit plus intégralement son devoir. Le
grand souci de celui qui veut arriver à la vie virile
est donc de s'affranchir de toutes les tyrannies.
C'est en se soumettant, dès son jeune âge, à la rude
discipline de l'obéissance, qu'il parviendra à la
liberté.

Regardez l'enfant abandonné à ses caprices : « C'est
une sorte de momie enfermée dans un vase de soie,
et qui finit par se croire un petit dieu. Ignorant
la peine qui suit le devoir méconnu, se voyant
imploré au lieu d'être repris, il contracte dans le mal
l'adoration de lui-même et ne voit plus dans ses

parents et ses maîtres que les dispensateurs de ses plaisirs, il oppose ses caprices tout-puissants à des supplications ou à des faiblesses qui le dépravent, et il en vient à punir de ses fautes par des bouderies calculées ceux qui devraient lui en infliger le châtiment » (1). Il espère trouver le bonheur dans l'indépendance et en réalité c'est le désenchantement et le malheur qui l'attendent. Dès qu'il rencontre un obstacle à ses moindres désirs, il s'irrite. Si cet obstacle est insurmontable, oh alors! sentant son impuissance, il ne se contient plus, il s'en prend à tout ce qui lui résiste, même à la matière. Ce n'est plus un être humain, c'est un sauvage féroce, qui frémit, écume, frappe à droite et à gauche.

Plus il avancera dans la vie, mieux il verra que l'indépendance absolue qu'il souhaitait, n'est qu'une gigantesque tromperie. Il s'imaginait n'avoir qu'à commander et précisément parce qu'il ne sait pas se plier volontairement à d'inévitables nécessités, tout conspire à lui donner des ordres. Il est le plus dépendant des hommes et par suite le plus misérable. Tout lui semble odieusement injuste et, dans son cœur, la haine bouillonne. Son horreur de l'obéissance le pousse à vouloir bouleverser une société où il ne peut pas assouvir sa passion de commander. Quand l'esprit d'indépendance, produisant ses fruits naturels, aura suffisamment trou-

---

(1) P. LACORDAIRE. — *Lettres à des jeunes ge. s.*

blé son cerveau et corrompu son cœur, cet homme sera mûr pour toutes les révolutions. Si son intelligence trop faible ne lui permet pas d'en être la tête, il en sera le bras inconscient.

Il rêvait aussi de trouver la liberté dans l'indépendance. Bon gré mal gré il faut que l'homme obéisse. Celui qui n'obéit pas au gouvernail, obéira à l'écueil, disent les marins bretons. Nous avons le choix entre la soumission à un pouvoir légitime ou la soumission à un pouvoir illégitime. Celui qui redoute toute règle, devient esclave et se condamne à toutes les servitudes. Il ne veut pas de maître et il multiplie à plaisir les tyrans. Il sera l'esclave de ses caprices et de ses fantaisies, l'esclave des évènements. Ne sachant rien se refuser, il ne saura résister à rien, et alors on le verra, lui qui se flattait de n'appartenir à personne, se courber honteusement sous le joug du premier venu, obéir à toutes les influences étrangères, et subir la plus odieuse des servitudes, celle des plus basses passions. C'est cet esclavage que la grande multitude des hommes appelle la liberté!

La vie du fils de l'obéissance est tout autre. Loin de s'irriter contre une loi juste, il s'incline devant elle, il sait qu'elle le conduit au bien et qu'en marchant volontairement dans son sillage, il est dans l'ordre et dans la vérité de la vie. Il n'ignore pas qu'à l'âge où il est, alors que grondent sans cesse en lui les orages de la jeunesse nul n'a plus besoin d'être discipliné, contraint. Il accepte une autorité qui le domine, non pour l'enchaîner, mais pour le défendre ; non pour le condamner à une impuissance qui l'annihile et à une captivité qui le dégrade, mais pour lui épargner d'inutiles agitations qui l'affaiblissent et des fatigues qui le tuent. Dans la voie royale de l'obéissance, il éprouve la joie de la sécurité. Pas d'inquiétudes, d'hésitations, de tâtonnements, l'autorité, forte de toute l'expérience des siècles passés, lui jalonne d'une main ferme, à lui le débutant inexpérimenté, la route du devoir. Comprenant la nécessité de cette vertu d'obéissance, comment elle est l'indispensable noviciat du commandement, il en supporte avec bonheur le joug si dur à certaines heures.

On a comparé la volonté individuelle qui se dirige selon la loi à la boussole qui se dirige vers le Nord, et la volonté qui se dirige au gré de ses fantaisies, à la girouette.

L'homme sans loi est le jouet de ses impressions, de ses désirs, de ses passions. Le pilote risquerait son vaisseau, corps et biens, en se guidant sur la girouette. Il faut au contraire qu'il condense toutes les forces des vagues et du vent pour mieux suivre la route marquée par la boussole.

Or quel est le plus libre, celui qui se laisse aller au gré des flots ou celui qui, avec eux ou contre eux, s'il le faut, cingle vers le but et ramène sans cesse son navire sur la route ?

Par le fait même que l'homme s'incline devant l'autorité et obéit, il s'affranchit de tout ce qui n'a pas le droit de lui commander. Il est vraiment libre, non seulement des influences du dehors, mais aussi des passions du dedans. Son obéissance est le rempart de sa liberté et la source d'une de ses plus grandes gloires. Par elle il atteint le suprême degré de la souveraineté, se commander à soi-même

On a souvent dit que la discipline de l'obéissance est à l'énergie ce que la logique est à l'intelligence, ce que l'économie est à la finance. Sans elle, c'est le désarroi, l'éparpillement des forces, l'anémie, la mort.

Une volonté qui n'a de règle que l'impression du moment, change au gré du souffle qui passe. Elle va d'une résolution à une autre avec une extraordinaire facilité. Elle veut, puis presque aussitôt après elle ne veut plus. Ses énergies se dispersent. Aussi est-elle incapable d'entreprendre une œuvre marquée au coin de la grandeur. Elle manque de constance et de fixité dans le vouloir. C'est, et ce sera toujours, une volonté d'enfant.

Soumettez au contraire cette volonté à une règle, expression fidèle de ce qui est droit et juste, insensiblement elle deviendra droite comme la règle elle-même, car dans toutes ses actions, son objectif constant sera de se modeler sur elle. La tempête pourra faire rage, elle dominera toutes les agitations, et aux passions furieuses qui crieront de secouer le joug, elle répondra, les yeux toujours fixés sur le but à atteindre : je veux obéir, là est mon salut, le secret de ma force et de ma fécondité.

La discipline, à coups d'efforts incessants, ramasse toutes les énergies éparses, les dompte, les canalise et établit une direction unique de toutes les activités de l'être humain.

Une force, quelle qu'elle soit, peut être un fléau dévastateur ou une énergie salutaire, selon qu'elle est lâchée ou domptée. Elle peut se dépenser en pure perte ou en résultats féconds, selon qu'elle est irrégulière ou docile.

Voyez aux flancs de la montagne cette eau qui jaillit et qui bondit fougueuse vers la plaine, culbutant des blocs de rochers, déracinant des sapins géants. Dans cette impétuosité même, n'y a-t-il pas une force cachée? Laissez cette force à elle-même : que rien ne lui fasse barrière, que nulle digue ne la contraigne, elle s'évanouira dans la plus stérile faiblesse. Elle ira se perdre dans les sables, dormir et croupir en marais fétides. A peine la plus légère barque pourra-t-elle flotter sur ses ondes sans profondeur.

Au contraire rassemblez et resserrez ces eaux vagabondes, jetez à droite et à gauche des digues puissantes, et les plus lourds vaisseaux navigueront sur ces eaux. Resserrez encore ce torrent, faites sa prison plus étroite, il n'est pas de levier que son courant comprimé ne puisse mettre en jeu, il actionnera de gigantesques turbines qui produiront une puissance motrice considérable, capable de faire mouvoir les roues d'innombrables métiers. D'où vient cette force ? De la digue qui contraint et maîtrise ses flots.

Appliquez cela à la volonté. Rejetez loin d'elle le frein de l'obéissance, entraînée par sa fougue, elle ira au hasard, échappant à toutes les lois, s'égarant par tous ses mouvements. Après s'être fatiguée dans une agitation stérile, elle tombera épuisée, si tant est qu'elle ne périsse dégoutée d'elle-même, après avoir dispersé à tous les vents d'incroyables réserves d'intelligence et d'amour. C'est le suicide de la volonté.

Prenez cette force volontaire et, au lieu de la laisser au hasard, assouplissez-la, domptez-la par cette gymnastique morale de l'obéissance. Cette volonté vigoureusement trempée par de nombreux exercices, doucement comprimée au dedans pendant cette période de lutte, éclatera au dehors. Par la grandeur de ses œuvres, elle révèlera sa puissance. Elle ira de victoire en victoire et rien ne pourra lui résister, rien n'arrêtera sa merveilleuse expansion. Semblable à l'écorce qui retient la sève et l'oblige de monter au cœur de l'arbre, l'obéissance canalise toutes les énergies débordantes du jeune homme et le rend capable de produire à l'heure de la virilité de grandes œuvres.

Toute obéissance produira-t-elle ce résultat ? — Non. Il est une obéissance qui, au jugement des éducateurs eux-mêmes, ne vaut pas mieux que la révolte. C'est celle qui consiste à abdiquer entre les mains d'un autre son intelligence et sa conscience ; obéissance que pratiquent volontiers les indolents, trop heureux de n'avoir pas à organiser eux-mêmes le détail de leur vie. Loin d'affranchir, cette obéissance asservit, loin de fortifier l'initiative, elle la déforme et l'étouffe. Ce qu'elle produit ce sont des caractères veules, mûrs pour tous les compromis, des lazzaroni de l'effort qui auront toujours besoin d'une férule, des échines souples habituées à décrire l'arc de leurs courbettes devant le premier mécréant venu. A ces instruments passifs, je préfère les mauvaises têtes, qui se laisseraient pulvériser plutôt que de ployer sous un joug et dans lesquelles, quand on parvient à les éclairer, il y a parfois tant de ressources pour le bien.

Seule l'obéissance intelligente et active, consciencieuse et prompte, complète et joyeuse produit les caractères indomptables, les âmes granitiques. Le disciple d'une telle obéissance sait à qui et pourquoi il obéit. Et prenant, dans la vie publique comme dans le secret du cœur, l'habitude de conformer sa volonté, en toute connaissance de cause, à une volonté supérieure, divine ou humaine, qui lui dicte par des ordres écrits ou par des arrêts de conscience, ce qu'il doit faire, il affranchit sa liberté de la vassalité de l'instinct et de toutes les tyrannies.

Jeunes gens, si vous voulez acquérir la forme définitive qui caractérisera votre avenir et vous rendra supérieurement forts devant la vie, il faut que vous arriviez à vous maîtriser vous-mêmes, à bien tenir votre âme en mains, et vous n'arriverez à ce résultat que si vous apprenez durant de longues années et pendant toute votre existence à obéir aux justes lois, expression de la sagesse, et à respecter l'autorité légitime, qui est toujours une émanation de Dieu.

Voilà le chemin de l'obéissance. Il est rude, austère, tant mieux, on y meurtrit sa nature, raison de plus pour s'y engager quand on a au cœur de grands désirs. C'est l'unique chemin qui conduit à la virilité.

---

(1) Ouvrages à lire : *L'Éducation*, par Mgr DUPANLOUP (Douniol. Paris); — *Les Conférences de Notre-Dame*, en 1861, par le P. FÉLIX, S. J. — *Le Prix de la Vie*, par OLLÉ LAPRUNE (Belin, Paris).

XIII

L'esprit d'initiative.

XIII

L'esprit d'initiative.

Nous manquons d'hommes d'initiative. Les sociologues le constatent. C'est à ce fait que, statistiques officielles en mains, ils attribuent la décadence industrielle et commerciale de notre pays. Si le mal n'est pas promptement enrayé, affirment-ils, la France perdra son rang de grande puissance mondiale. Les hommes d'œuvres qui se dévouent à la régénération de la société, se plaignent amèrement qu'ils ne sont pas secondés. Ils ne peuvent aller de l'avant; leur temps se passe à remonter le moral de leurs troupes qui se laissent traîner plutôt qu'elles ne marchent. Les jeunes gens qui ont au cœur un grand désir du bien gémissent qu'on ne les a pas préparés au rôle qu'ils doivent jouer dans le monde. Avec une juvénile audace, ils accusent leurs maîtres Leurs revues sont pleines de doléances. « Nous avons droit de dire à qui a des oreilles pour nous entendre, écrivait l'un d'entre eux, dans un article intitulé « *La peur de vivre,* » qu'un tel enseignement ne répond nullement à nos besoins de futurs soldats du Christ, à nos aspirations de jeunes hommes désireux de vivre et d'épandre leur foi plutôt que de la conserver en formules mortes. »

Un des fléaux de notre temps, c'est, ayons le courage de le reconnaître, *la passivité.* Regardez nos jeunes gens : plus rien ne les émeut. Parlez-leur des grands intérêts de l'Église et de la patrie, ils restent inertes. Ils ne connaissent plus les généreux emballements. Leur cœur est glacé, comme un marbre ; c'est le froid du tombeau. De même qu'ils laissent dire, ils se laissent faire. Ils ressemblent à ces mollusques sans vertèbres, qui collés à leurs rochers, n'ont pas d'autres mouvements que ceux du flot qui les roule. Ils subiront toujours l'action d'autrui, sans en exercer aucune.

Suivez-les dans la vie ! S'agit-il d'embrasser une carrière, il faudra qu'on la choisisse pour eux. S'ils ont quelque préférence, c'est pour l'idéal du fonctionnaire ; car là, il n'y a pas à lutter, pas de danger à éviter ou à vaincre ; l'avenir est assuré.

Ce que veut la masse de nos jeunes gens, c'est vivre une vie commode, décrocher quelque galon qui leur donnera le droit de commander à quelques hommes et finalement devenir un petit rentier.

Vous devinez les conséquences désastreuses pour la vie nationale et pour la vie individuelle que peut avoir la réalisation de ce qu'ils appellent en profanant le mot : leur idéal. N'est-ce pas ce qui a amené l'état de stagnation dans la population dont gémissent les vrais Français, et qui, chaque année nous met dans un état de plus grande infériorité numérique vis-à-vis des nations, nos rivales? N'est-ce pas ce qui a produit cet aveulissement des caractères que nous constatons chaque jour davantage? Pas d'affaire; voilà bien le mot d'ordre du haut en bas. Cela pourrait déranger mes petits calculs, m'attirer des embarras que je n'ai pas voulu prévoir. Je jouis d'un traitement, juste suffisant pour ne pas mourir de faim; cette initiative, cette parole pourraient me le faire perdre, je ne dirai rien, je rentrerai tranquillement chez moi, laissant à ceux qui ont le goût des aventures le soin de me remplacer au poste que cependant mon devoir m'obligeait à ne pas déserter. Mon intelligence, ma situation personnelle me désignent pour être à la tête des œuvres, souvent on est venu me solliciter, mais pour m'en occuper à un autre titre qu'à celui de membre honoraire, il faudrait modifier quelques-unes de mes habitudes, me mettre en évidence, mécontenter peut-être certains de mes concitoyens, mes affaires pourraient en souffrir, je ne puis pas. Je n'ai pas à prendre cette initiative. On s'est passé de toutes ces associations jusqu'à maintenant, on s'en passera encore.

Par devoir d'état, par vocation, je dois me donner tout entier au salut de mes frères. J'ai le très vif désir de les convertir tous. Si une parole suffisait je la dirais aussitôt. Malheureusement il faut agir. Je n'ai pas d'influence ; les hommes m'échappent et semblent me fuir. Il faudrait aller les chercher, les fréquenter, organiser une propagande nouvelle. Je ne puis pas prendre cette initiative qui m'obligerait à désorganiser ma vie. D'ailleurs je ne suis pas sûr de réussir. Si par hasard des voisins plus zélés font quelque chose pour le peuple, on saura trouver malgré tout d'excellentes raisons pour s'en dispenser encore.

On pourrait multiplier les exemples. On ne sait pas aller de l'avant. Quand on marche c'est qu'on suit un mouvement dont on aurait dû prendre la tête. Nous manquons d'esprit d'initiative, et à tel point que nous jugeons fort mal ceux qui agissent autrement que d'après les très vieilles méthodes. On les traite d'ambitieux, de brouillons, et par tous les moyens on essaye de les discréditer, quand on ne peut pas les anéantir. Notre mentalité est ainsi faite.

D'où vient ce manque d'esprit d'initiative ?

Les uns accusent notre enseignement. Qu'il y ait des améliorations à introduire dans nos méthodes éducatives, personne ne le conteste. Ceux qui s'occupent de la jeunesse l'avouent volontiers. Ils n'ont pas attendu les charges virulentes que depuis quelques années tout particulièrement on dirige contre nos établissements catholiques, pour le reconnaître. Depuis longtemps déjà dans leurs congrès, ils s'efforcent, avec toute la prudence qu'exige une pareille matière, d'adapter nos vieilles méthodes aux nécessités de la vie moderne.

Ce que nous ne pouvons admettre, c'est que, comme le font certaines petites têtes folles, on accuse l'enseignement catholique d'être cause de toutes nos misères et de toutes nos infériorités. Ne va-t-on pas jusqu'à dire que notre discipline dogmatique et morale que nous voulons rigoureuse, que notre respect de la hiérarchie et notre sens de l'autorité sont un obstacle au développement de l'initiative ! Pour appuyer cette affirmation on montre la prospérité des nations protestantes et la décadence des pays catholiques.

Ce que l'on peut dire de moins blessant pour ces esprits forts, c'est qu'ils connaissent peu les ressources du catholicisme pour le progrès moral ; c'est qu'ils ignorent l'histoire de l'Église et des peuples catholiques. La liste des hommes d'initiative hardie qu'a produits la doctrine évangélique serait longue, non seulement dans le passé, mais même de nos jours. Si elle n'en produit pas davantage à l'heure actuelle, c'est que nous n'usons pas comme nos ancêtres des énergies surhumaines qu'elle met à notre disposition.

Il y a d'autres causes, et la première que je veux signaler, c'est *l'organisation politique de notre pays*.

Depuis Napoléon 1er, la centralisation suit en France une marche ascensionnelle. L'état se substitue en tout et partout à l'individu. La dernière étape, sera le socialisme d'état que rêvent nos démagogues et qui étouffera la pensée même d'une activité spontanée. Résultat pratique de cette situation, c'est que le Français compte toujours sur l'état. Une région se trouve-t-elle dans une passe difficile, aussitôt un vaste mouvement s'organise pour demander l'intervention du gouvernement, qui doit apporter un remède à tous les maux. C'est la providence nouvelle qui remplace la vieille Providence du bon Dieu, avec cette différence toutefois, c'est qu'elle fait souvent faillite à ses engagements et qu'elle ne s'étend pas à tous, mais seulement à un nombre relativement restreint de privilégiés auxquels elle réserve sa bienfaisante rosée et son soleil d'or.

De là, cette multitude d'êtres jeunes, que la lutte pour la vie effraie, se ruant à l'assaut des places officielles, afin d'émarger au budget. Dans une position où il n'y a qu'à suivre mollement l'ornière, où la moindre innovation est une témérité, où la plus légère velléité de s'affranchir de certaines coutumes puériles et surannées est un crime de lèse-majesté, parce qu'elle porte atteinte aux droits, franchises et privilèges de la plus sacrée, mais en même temps de la plus sotte des corporations, celle des ronds-de-cuir, vous pouvez chercher des hommes indépendants, actifs, entreprenants, avides de progrès, c'est en vain, vous ne les y trouverez pas. Et cependant parmi ces hommes, qui sont légion puisqu'on les compte par centaines de mille et bientôt par millions, il y en a qui étaient merveilleusement doués intellectuellement et physiquement. Mais, à faire toujours la même besogne routinière, ils ont perdu peu à peu le besoin, le goût, la vertu de l'initiative, ils se sont endormis dans la passivité, dans l'obéissance aveugle, idéal parfait du fonctionnaire qui veut mener paisiblement son petit train de vie, toucher régulièrement ses petits émoluments fixes et arriver à la retraite quand il sera vieux.

Une autre cause du défaut d'initiative, *c'est la manière dont on élève les enfants dans les familles.*

Le grand travers de l'éducation familliale c'est, a-t-on dit, la négligence de la culture de l'initiative ou son abandon systématique. Au lieu d'initier progressivement les enfants à vouloir, au lieu de leur apprendre, avec toute la prudence nécessaire, à user de leur liberté, en un mot à se faire une vie personnelle, on trouve plus simple et plus commode de leur imposer en tout et partout sa propre volonté. On les traite trop longtemps en enfants, comme des quantités négligeables, comme s'ils devaient n'être jamais des hommes. Les parents pensent, veulent, travaillent pour leurs enfants. Pour leur instruction on fait les plus grands sacrifices. On veut qu'elle soit soignée, que rien n'y manque, pas même les arts d'agrément. On se repose sur les éducateurs du soin de former des hommes. Et on ne se doute même pas que la conduite des parents vis-à-vis des enfants, faite de mollesse et de lâcheté, que la vue de ce qui se passe au foyer sont en contradiction flagrante avec l'enseignement de l'école. Comment voulez-vous que le maître puisse exercer une heureuse influence sur l'âme des jeunes gens, qu'il puisse former des hommes de caractère et d'initiative ? Les éducateurs sérieux se plaignent unanimement de cet état de choses. Leur action ne trouve pas, d'ordinaire, chez le père et la mère, l'aide indispensable sur lequel ils sont en droit de compter.

Ayant toujours été habitués à s'appuyer sur leurs parents, les jeunes gens passent les meilleures années de leur formation dans la passivité, ne se doutant même pas qu'un jour viendra où ils devront ne compter que sur eux-mêmes. Quand le moment de se créer une situation sera venu, car tous les parents ne peuvent pas donner des rentes à leurs fils, que feront-ils ? Incapables de se faire eux-mêmes une situation indépendante, ils iront frapper à la porte de l'une de ces nombreuses administrations, où peut-être, en échange du morceau de pain qu'on leur donnera, on leur demandera d'abdiquer leurs convictions les plus chères.

**

Nous avons besoin aujourd'hui plus que jamais d'hommes qui n'attendent pas que la collectivité pense et veuille pour eux, mais qui sachent se décider et vouloir par eux-mêmes, d'hommes qui s'efforcent de se créer des situations personnelles et indépendantes.

C'est nécessaire si nous ne voulons pas laisser vaincre notre pays dans le vaste champ de l'expansion coloniale et de l'économie sociale.

Une force irrésistible emporte les peuples à la conquête des pays lointains. Des continents nouveaux, d'immenses régions s'ouvrent. « Tout grand peuple veut avoir des colonies, et toutes les nations rivalisent d'audace et d'initiative pour les conquérir et les étendre. Dans cette concurrence internationale, il n'est pas possible que notre pays se désintéresse; et tous les serviteurs intrépides de la France doivent s'évertuer à force de courage et d'élan, à maintenir la grandeur et, au besoin, la primauté de la patrie. » N'oublions pas que la France autrefois a possédé les plus vastes colonies; que les plus hardis explorateurs, que les colons les plus intrépides comme les missionnaires animés des plus saintes ambitions étaient ses enfants.

Les jeunes gens que tourmente le goût des nobles aventures, qui ont besoin de se sentir les coudées franches dans leurs actions, qui ont horreur du formalisme de certaines professions libérales, n'auront-ils pas le courage de s'arracher aux délices d'une vie tranquille et banale, pour aller dans des régions nouvelles, dépenser leur activité débordante, pour le plus grand bien de la civilisation chrétienne et la gloire du nom français

Si nous voulons arrêter la déchéance commerciale, industrielle et agricole de notre pays, il nous faut des hommes d'initiative, luttant hardiment contre la routine, si profondément enracinée, adoptant résolument les méthodes nouvelles, mettant en honneur les meilleurs et les plus récents procédés de fabrication et de culture, créant à nos produits des débouchés nouveaux. Il faut avoir vécu à l'étranger pour se rendre un compte exact des progrès que nous avons à faire non seulement pour prendre le pas sur nos rivaux, mais même pour regagner le terrain que nous avons perdu par notre faute, par suite de la criminelle incurie de nos gouvernants plus occupés de faire la guerre à l'Église, afin de détruire les derniers lambeaux de liberté qui lui restent, qu'attentifs à favoriser par des traités et par des encouragements les efforts des industriels et les commerçants. Nos produits qui hier encore faisaient prime sur les marchés sont aujourd'hui délaissés. Et on a la honte de constater que des produits français ont besoin pour s'écouler, aux États-Unis, par exemple, de l'estampille « Made in Germany »

Si nous regardons ce qu'il est urgent de faire pour le relèvement moral et religieux de notre pays, pour endiguer la marée montante du socialisme révolutionnaire, là encore nous constatons combien il est nécessaire que nous ayons des hommes d'action. Il faut fonder des œuvres de bienfaisance et d'assistance qui apportent au peuple un remède aux maux dont il souffre ; des œuvres de propagande par la parole et par le journal pour répandre des idées saines et vivifiantes ; des œuvres de syndicats, de coopératives, d'associations de tous genres qui groupent l'ouvrier et le paysan pour la défense de leurs intérêts et leur permettent d'échapper aux meneurs qui ne rêvent qu'anarchie, désordre et exploitation. Pour entreprendre ces œuvres en temps opportun et suivant les nécessités des milieux, il faut déjà beaucoup d'esprit d'initiative, il en faut encore davantage pour les faire vivre autrement que sur le papier ou dans les rapports des Congrès.

« Ces états essentiellement mouvementés et soumis à la fluctuation des évènements, au choc répété des hommes et des choses ambiantes, réclament des natures d'une combativité puissante. J'entends par là cette aptitude à la lutte qui fait non pas, comme on pourrait l'imaginer à tort, les caractères turbulents, mais les caractères solides, que le danger n'effraye pas, que la bataille n'émeut pas, prêts à la résistance ou à l'attaque, suivant les nécessités du moment.

Concevez-vous une vie de colon ou d'explorateur sans une lutte de tous les jours contre la terre, le ciel et les hommes, contre l'inconnu, le plus terrible es adversaires, dont le mystère épouvante les lus courageux, et souvent évoque dans l'imagination des terreurs qui dépassent toujours la réalité ?

L'agriculture elle-même, la carrière en apparence la plus pacifique de toutes, douce et tranquille comme les champs qu'elle couvre de l'or de ses moissons, comme les caves qu'elle emplit de ses vins enivrants, comme les vergers et les greniers d'abondance, l'agriculture n'est-elle pas un combat perpétuel contre la nature et ses forces indisciplinées ?

Que dire de la grande industrie qui doit manier non plus seulement la force brute et mouvoir des machines, mais enrôler la force humaine et mener au combat l'armée des travailleurs ?

Cicéron, dans sa Rhétorique, a défini éloquemment la force : l'aptitude à faire tête au péril et à endurer la douleur. Celui qui n'est pas capable de souffrir et de regarder le danger en face, celui-là peut être écrivain, littérateur, psychologue, doux et docile fonctionnaire ; mais colon, explorateur, agriculteur, industriel, commerçant, un de ces hommes de vie pratique, où la lutte est de toutes les heures et le danger fréquent comme la lutte, jamais ! » (1)

*
* *

Comment acquérir cet esprit d'initiative ?

Dès nos premières années, au collège même, on trouve les moyens d'acquérir cet esprit d'initiative.

---

(1) P. DIDON. — *L'Éducation présente.*

Ah! me direz-vous, mais du matin au soir le règlement nous enserre dans les mailles étroites de son filet et il est difficile d'y échapper. Nous n'avons pas à faire usage de notre liberté. A supposer que ce soit vrai, il vous reste chaque année au moins un temps où vous pouvez faire l'apprentissage de la vie personnelle : les vacances. Vous êtes alors maîtres quasi absolus de vous-mêmes ; vous pouvez régler vos journées selon votre bon plaisir. Le faites-vous ? n'êtes-vous pas à la merci des circonstances ? est-ce que vous ne vous laissez pas vivre plutôt que vous ne vivez ?

Même durant l'année scolaire vous pouvez faire cet apprentissage ; sans doute en obéissant virilement à la règle, mais aussi en utilisant tout ce qui échappe à la règle ; car elle est impuissante à commander toutes les actions d'une vie. Elle ne peut rien sur votre vie intime. Au point de vue religieux, il dépend de vous de vous approcher plus ou moins souvent des sacrements, en dehors du minimum prescrit par le règlement. Au point de vue moral, vous êtes libres de choisir tel ami qu'il vous plaira et d'exercer par vos paroles et vos exemples une influence heureuse sur vos camarades. Au point de vue intellectuel, que d'heures d'études dont vous pouvez disposer, pour lire tel livre que vous choisissez ou mener à bonne fin un travail que vous aurez vous-mêmes entrepris. Et dans la manière d'étudier, quel champ largement ouvert à l'initiative.

C'est à vous de choisir la méthode la mieux adaptée à votre tempérament ; et au lieu de vous livrer à un travail matériel, bourrage artificiel et peu profitable où l'on entasse des matières que l'on se hâte d'oublier, pourquoi ne feriez-vous pas une plus large place au travail personnel, le seul qui forme l'intelligence.

« Dans cette carrière ouverte à votre liberté, à côté du règlement, voyez-vous les précieuses ressources qui s'offrent à vous pour hâter l'avénement de votre virilité ? Si la vie ne se développe que de son propre mouvement intérieur — pour rappeler un principe qu'il ne faudrait pas prendre pour un refrain — ne faut-il pas admettre que là où la vie, l'activité personnelle se déploiera plus librement, en dehors de toute impulsion étrangère, ne relevant que de sa propre autonomie, n'empruntant qu'à elle-même, ne faut-il pas admettre, dis-je, que là le développement sera plus large, plus rapide, et plus volumineuses les poussées d'énergies nouvelles que vous sentirez refluer au dedans de vous ? Et alors ?.. alors, vous qui avez tous reçu la vocation à la vie d'homme, exercez-vous à vivre comme des hommes. Au lieu de vous réfugier dans la zone de vos actes libres pour pouvoir ne plus vous souvenir que vous avez une conscience et une dignité à sauvegarder, mésuser follement de votre liberté, faites plutôt l'essai loyal et généreux de cette liberté. Vous vous plaignez si souvent qu'on ne vous traite pas comme des hommes; faites la preuve d'abord, quand on vous en laisse la faculté, que vous n'êtes pas que des enfants, que *des singeries d'hommes* » (1).

Les éducateurs, sans cependant faire de l'éducation de « casse-cou, » peuvent beaucoup pour développer cet esprit d'initiative chez leurs élèves.

Ils doivent inculquer à leurs élèves, et à un très haut degré, le sentiment de la responsabilité, qui fera que nos jeunes gens ne travailleront pas uniquement parce qu'on les surveille, mais parce que c'est leur devoir; qui fera aussi que partout, le jour et la nuit, dans la lumière ou dans l'ombre, seuls ou en compagnie d'autres camarades, ils se conduiront comme des hommes.

Ne pourrait-on pas, dans la mesure où les réglements le permettent, laisser aux jeunes gens une très grande latitude dans l'organisation, la direction des jeux, des sociétés sportives, des cercles d'études et des académies.

Ne pourrait-on pas aussi les initier théoriquement et pratiquement aux œuvres dont ils auront à s'occuper plus tard ? La vie apostolique qui doit être l'apanage de tout chrétien ne demande-t-elle pas une préparation, et une préparation d'autant plus sérieuse, qu'elle exige plus de renoncements ? Si nous ne profitons pas des années de collège pour cette formation, quand donc aura-t-elle lieu ?

---

(1) Abbé L. A. GROULX. — *L'Éducation de la volonté en vue du devoir social*, p. 21 (Montréal. Cadieux-Derome).

On se plaint que beaucoup de jeunes gens de nos maisons d'éducation soient perdus pour l'armée catholique dès leur entrée dans le monde. A qui la faute ? Ces défections, si douloureuses parfois, ont des causes multiples, contre lesquelles très souvent nous ne pouvons rien ; mais quelquefois ne pouvons-nous pas nous dire que si nous avions orienté ces jeunes gens vers un autre idéal que le succès de carrière, si nous les avions entraînés vers les œuvres, ils auraient peut-être été fidèles aux principes que nous leur avions inculqués. Nous ne leur avons pas assez montré que leur vie de collège n'est que l'apprentissage de leur vie d'homme ; qu'entre ces deux vies, en apparence si différentes, il n'y a pas une solution de continuité, mais une harmonie admirable, puisque la seconde n'est que le développement rationnel de la première.

On objectera sans doute que cette préparation au rôle social peut distraire les élèves de leurs études ; que nous n'avons pas le droit de sacrifier le présent à un problématique avenir ; qu'il y a beaucoup à redouter pour les jeunes gens de cette extériorisation ?

Tout d'abord vous ne sacrifiez pas le présent, puisque vous l'employez à la préparation de l'avenir. N'est-ce pas votre but ? La conscience du rôle qu'ils auront à remplir un jour dans la société, loin d'être pour vos élèves un obstacle au travail, sera, je l'ai remarqué souvent, un encouragement, un stimulant à l'étude.

Qu'on ne croie pas cependant que nous ayons l'intention d'ouvrir les portes de nos collèges aux bruits du monde et de la politique. « Il s'agit tout uniquement d'extérioriser le futur apôtre dans une mesure qui ne le distrayant pas de ses études lui fournisse plutôt un stimulant par la perspective de la grandeur de ses devoirs et lui laisse prendre un contact assez rapproché avec les réalités ambiantes où il jouera sa vie au jour de l'action laïque, pour qu'il ne tombe pas dans la société, son stage fini, comme un équatorien au milieu des glaces polaires » (1).

L'initiative qu'on est en droit d'attendre de vous, jeunes gens de nos collèges, en attendant que vous puissiez comme vos ainés guerroyer vaillamment, est celle qui vous pousse à devenir non pas des agités, des indisciplinés, mais des hommes d'action opportune, des chrétiens et des citoyens marchant de leur propre mouvement dans toutes les voies ouvertes à leur activité.

Quant à vous, jeunes gens, qui, soit aux Universités, soit dans les affaires, êtes maîtres de votre temps et de vos actes, votre devoir est de développer chaque jour davantage cet esprit d'initiative, afin d'être capables de prendre une part prépondérante dans l'activité du monde moderne, afin de ne pas

---

(1) Cf. Un remarquable article de M. l'abbé Groulx « *La préparation au rôle social* » dans la Revue ecclésiastique de Valleyfield (Canada).

vous laisser embrigader sous toutes les bannières, afin d'être les premiers et les plus actifs dans l'œuvre de la régénération sociale et religieuse.

Selon vos moyens et vos forces, donnez-vous généreusement aux œuvres; n'attendez pas que d'autres commencent. Soyez entreprenants tout en restant prudents. Entraînés par votre foi ardente, entrez dans la voie que vous trace l'Église : elle est belle et large. Guidés par Elle, vous pouvez, sans courir le danger de tomber dans de téméraires nouveautés, être utiles intellectuellement et moralement à vos frères, tout en travaillant au perfectionnement et à l'achèvement de votre formation (1).

---

(1) Ouvrages a livre : *Education présente*, du P. DIDON (Plon. Paris) — *La Vie Intense*, par ROOSEVELT; — *Les États-Unis au XX° siècle*, par Pierre LEROY-BEAULIEU; — *A quoi tient la supériorité des Anglos-Saxons* par E. DEMOLINS. (Firmin-Didot. Paris); — *L'Education nouvelle*, par E. DEMOLINS (Didot. Paris); — De nombreux articles de la Revue « *La Science Sociale* » — *Vers l'action*, par Mgr PÉCHENARD (Bloud. Paris); — *Les Œuvres au Collège*, par PONSARD (Revue d'apologétique, 14 juin et 1er juillet 1907; — *Le Fils de l'Esprit*, par FONSEGRIVES (Lecoffre. Paris); — *Lettres d'un militant*, par Jean SAINT-CLAIR (Delhomme, Briguet. Paris).

XIV

L'hygiène réparatrice.
Les sports.

XIV

L'hygiène réparatrice. — Les sports.

Jusqu'à quel point sommes-nous esclaves de notre organisme pour vouloir et pour agir, il n'y a qu'à se regarder vivre pour le constater. Les mouvements de notre volonté ne dépendent-ils pas pour une large part de nos dispositions physiques ? Si nous voulons faire le bilan de nos journées nous serons obligés de constater que les jours où nos désirs du bien sont plus grands, nos résolutions plus promptes, où nous nous mettons résolument au travail, ce sont ceux où nous sommes en bonne santé. La santé engendre la joie qui est le rayonnement de la vie. Lorsque nous sommes joyeux nous nous sentons comme dilatés, il semble que notre être s'augmente par l'addition de ce bien qui nous réjouit, que nous sommes plus forts pour satisfaire à tous nos devoirs, porter tous nos fardeaux. Nous avons des ailes et rien ne peut calmer notre activité. Au contraire, les jours où rien ne va, où le moindre effort nous répugne, ce sont ceux, où ressentant quelque malaise, nous sommes faibles et par suite plongés dans la tristesse.

Cette réaction du physique sur le moral, les physiologistes l'expliquent par le rôle qu'ils font jouer au système nerveux dans l'élaboration de nos vouloirs.

Et comme sur cet organe très compliqué et très délicat, se reflètent toutes les fluctuations de notre santé, il est très important de la maintenir dans ce juste milieu qui lui assure un bon fonctionnement. De plus, comme dans la vie il ne suffit pas de vouloir seulement une fois en passant, mais avec persévérance et que pour cela il faut être capable de longs efforts, la santé qui nous permet de produire ces efforts durables, est de ce chef encore indispensable à l'énergie morale.

Si donc nous voulons être des hommes à la volonté robuste, il est important, suivant le mot d'un auteur, d'être de « *bons animaux* » c'est pourquoi la question de l'hygiène doit attirer notre attention.

Un médecin très âgé, à qui je demandais un jour quel traitement il avait suivi pour avoir toujours eu une aussi excellente santé malgré une constitution assez délicate, me répondait : « C'est très simple et peu coûteux. *Bien digérer et bien respirer* voilà tout mon secret.

Il y a sur l'hygiène de l'alimentation et de la

respiration de volumineux traités. Ceux de mes lecteurs qui voudront faire une promenade à travers ces vénérables in-folio, pourront se donner ce plaisir. Je n'ai pas la prétention de les suivre. Ce que je veux faire ici c'est rappeler, d'après l'expérience, les choses absolument nécessaires.

A entendre beaucoup de jeunes gens, on croirait qu'ils ont été créés et mis au monde pour manger et boire. Ils ne rêvent que banquets, festins et «beuveries ». Que devient la vie de ces habitués de tavernes et d'estaminets, il est aisé de le deviner. Au physique comme au moral, c'est l'épuisement et la ruine. J'aime à croire que ces noceurs de métier sont encore l'exception, bien que dans nos grandes villes, le nombre de ces professionnels de la débauche augmente dans d'effrayantes proportions. Je ne m'adresse pas à eux, ils ne me liront certainement pas.

Les jeunes gens qui veulent être bons et qui souvent, hélas! entraînés par la force du courant n'ont pas le courage de réagir, me permettront de les mettre en garde contre un danger qui les menace plus immédiatement aujourd'hui, *l'alcoolisme.*

Il suffit de fréquenter des milieux jeunes pour constater combien vite, on y contracte l'habitude des liqueurs fortes. Ce qui n'était d'abord qu'un agréable passe-temps, une manière de se réjouir entre amis, devient rapidement un besoin. Du quinquina, insuffisant pour des palais blasés, on passe à l'absinthe. Les grands verres succèdent aux petits verres et se multiplient.

Que deviennent les jeunes gens qui s'adonnent à la boisson. « Plus l'intelligence était grande, plus l'effondrement produit par l'alcoolisme est sensible : imagination, mémoire, raisonnement, tout disparait.

Les exemples des poètes, des romanciers, des peintres devenus incapables non-seulement de créer une œuvre, mais d'accomplir normalement les actes les plus ordinaires de la vie, sont malheureusement assez nombreux.

La disparition de la mémoire est souvent presque complète, l'individu a désappris le métier qu'il avait fait pendant vingt ans.

Quiconque a rencontré un ivrogne sait avec quelle obstination imbécile, il lutte contre un obstacle, chacun connait l'impossibilité où il se trouve de suivre une idée, la pauvreté de ses pensées, l'invraisemblable logique de ses conversations avec lui-même. Bon sens et volonté sont affaiblis à ce point chez lui que, sachant parfaitement où le mènera sa passion, il entre au cabaret au sortir de l'hospice, où il a vu souffrir et mourir d'autres malheureux atteints de son mal et où, lui-même il a souffert.» (1)

« Tout le monde sait que l'ivresse causée par

---

(1) D' GALTIER-BOSIÈRE. — *L'Enseignement de l'anti-alcoolisme*, p. 3.

les liqueurs alcooliques, le hachich, l'opium, après une première période de surexcitation, amène un affaiblissement notable de la volonté. L'individu en a plus ou moins conscience ; les autres le constatent encore mieux. Bientôt (surtout sous l'influence de l'alcool), les impulsions s'exagèrent. Les extravagances, violences ou crimes commis en cet état sont sans nombre. Le mécanisme de l'envahissement de l'ivresse est fort discuté. On admet en général qu'il commence par le cerveau, puis agit sur la moelle épinière et le bulbe, et en dernier lieu sur le grand sympathique. Il se produit une obtusion intellectuelle, c'est-à-dire que les états de conscience sont vagues, mal délimités, peu intenses : l'activité physio-psychologique du cerveau a diminué. Cet affaiblissement atteint aussi le pouvoir moteur. Obersteiner a montré par des expériences que sous l'influence de l'alcool, on réagit moins vite, tout en ayant l'illusion contraire. Ce qui est atteint, ce n'est pas seulement l'idéation, mais l'activité idéo-motrice. En même temps le pouvoir de coordination devient nul ou éphémère et sans énergie » (1).

Jeunes gens, cet ennemi qui a déjà terrassé tant de vos semblables vous menace. Je ne veux pas vous demander de vous abstenir totalement de toute boisson alcoolisée. L'alcool, en certaines circonstances, peut être parfois utile. Ce n'est pas

---

(1) Th. RIBOT. — *Les Maladies de la Volonté*, ch. II, p. 87-88.

l'usage modéré qui doit être proscrit, c'est l'abus Mais faites attention, le chemin est glissant. Si, par suite de penchants héréditaires ou de dispositions personnelles, vous vous sentez vivement attirés par l'alcool, il est nécessaire que vous en supprimiez absolument tout usage. Il vous sera très difficile de vous arrêter sur la pente. Mettez-vous résolument au régime de l'eau pure ou des boissons non fermentées. Ne dites pas que dans la lutte contre cette passion, votre volonté se fortifiera, en usant de l'alcool avec mesure. C'est une erreur. « Il est absurde, dit le docteur A. Forel, de vouloir exercer la liberté et la force de la volonté à l'aide d'un toxique qui l'affaiblit graduellement dès le début. Sans doute il y a des gens modérés dans l'usage des boissons alcooliques, mais il est incontestable qu'ils fortifieraient plus leur volonté en s'abstenant de tout ce qui contient de l'alcool » (1).

Vous éviterez donc les longues soirées passées dans les cabarets. Vous aurez assez d'énergie pour refuser poliment tous les apéritifs qu'on aura l'amabilité intéressée de vous offrir, à charge pour vous d'en offrir un autre le lendemain. Votre santé s'en trouvera mieux, votre vertu et votre bourse aussi.

(1 *Alcoolisme et Criminalité*. — Dans les annales anti-alcooliques de Paris, Janvier 1907.

.*.

A côté de ce très grave écueil où sombre la santé, il y en a un autre auquel on ne fait pas attention et qui souvent lui porte cependant de rudes coups. *Il se trouve dans l'alimentation elle-même.*

Un auteur, après avoir parlé, d'après les travaux les plus modernes, des éléments nécessaires à la reconstitution incessante des tissus du corps humain et des aliments indispensables à la production et au bon emploi de ces éléments, conclut que d'ordinaire, et chez les étudiants en particulier, on mange beaucoup trop et surtout trop de viandes.

« Nous imposons à l'estomac et aux intestins un travail absurde, dit-il. Chez la plupart des gens de la classe aisée la majeure partie des forces acquises par le labeur de la digestion sont usées à digérer. Qu'on ne croie pas que nous exagérons. Durant l'acte de la digestion, nous digérerions les parois de l'estomac et des intestins si leur surface ne renouvelait incessamment le tissu qui les protège, et qui se reforme avec une grande rapidité à mesure que les sucs digestifs l'attaquent. Ce seul travail est énorme. Les intestins ont de sept à huit fois la longueur du corps sur trente centimètres de largeur lorsqu'on les étend. — La surface en travail des intestins et de l'estomac est de cinq mètres carrés au moins. Ajoutez au labeur considérable que constitue le renouvellement incessant pendant plusieurs heures chaque jour des villosités qui tapissent une telle surface, les forces employées à mâcher, les forces usées par les mouvements péristaltiques de l'estomac, par la formation d'une quantité considérable de salive, par la production des sucs digestifs de l'estomac, du pancréas, de la vésicule biliaire, et on se rendra compte de la prodigieuse usure de forces que nécessite l'acte digestif.

N'est-il pas clair que les hommes qui mangent trop sont de purs animaux, réduits au rôle peu honorable de serviteurs de leur tube digestif. Ajoutez que la plupart devant la quantité de mets à avaler, trouvent fastidieux de bien mâcher les aliments et alourdissent encore de ce chef le labeur de la digestion et le prolongent, les sucs digestifs ne pouvant pénétrer que lentement des masses trop peu divisées ». (1)

Si vous voulez jouir d'une bonne santé, tout d'abord ne mangez pas trop vite. Je sais fort bien que beaucoup de jeunes gens trouvent cette recommandation puérile, n'ont-ils pas un estomac de fer ? Et puis d'ailleurs, ils n'ont pas souvent le temps de prendre toutes ces précautions, bonnes pour les vieillards et pour les personnes qui n'ont pas autre chose à faire qu'à se tâter le pouls. Ils ne s'imaginent pas que c'est une affaire d'habitude et qu'il

---

(1) J. Payot. — *L'Éducation de la Volonté*, ch. IV. *L'Hygiène corporelle*.

ne faut pas plus de temps pour manger en mastiquant sérieusement les aliments que pour manger à la vapeur.

De plus ne mangez pas trop de viande. — Rien ne vous oblige à vous imposer ce régime de la viande à tous les repas qui nous vient des pays du Nord, où dit-on, il est nécessaire pour résister au froid. Dans ces régions elles-mêmes, on reconnaît qu'on consomme beaucoup trop d'aliments gras. J'ai entendu à Montréal, au Canada, et certes là-bas les hivers sont rigoureux, des sommités médicales déplorer cet abus de la viande, deux et trois fois par jour, et déclarer que cette coutume était cause d'un grand nombre de maladies et même de la dégénérescence de la race tant au point de vue intellectuel qu'au point de vue physique.

Les jeunes gens feront bien de se conformer aux prescriptions de l'Église qui nous demande de nous abstenir totalement à certains jours, d'aliments gras. — Les vieilles lois ecclésiastiques ont encore du bon, n'est-il pas vrai? Ne sont-elles pas le fruit de l'expérience des siècles? — De nos jours n'a-t-on pas entendu certains médecins rationalistes déclarer que pour le bien de l'humanité, si le carême n'existait pas, il faudrait l'inventer?

S'il restait dans l'esprit de mes lecteurs une objection à ce sujet, je leur demanderais de regarder les ordres religieux, et ceux où l'usage de la viande est complètement interdit et ceux où il est très restreint. N'y-a-t-il pas parmi ces moines, et en grand nombre, des hommes à l'intelligence puissante, à la volonté énergique et même à la santé robuste. Chez les Trappistes où l'on ne mange que des légumes et des laitages et où l'on travaille rudement, on se porte bien et on devient très vieux.

Un sommeil profond et ininterrompu est nécessaire quand on veut avoir un corps robuste et fort. — Une bonne alimentation vous procurera ce bienfait. Souvent nos nuits sont troublées par des rêves et des cauchemars angoissants ; nous éprouvons des sensations de chute. Cela peut provenir des anxiétés et des soucis, mais plus ordinairement du mauvais état de l'estomac. Nous avons surchargé notre estomac le soir, ou bien nous avons absorbé des aliments que nous ne pouvons pas digérer. De là, l'agitation, l'insomnie et de nombreux désordres contre lesquels il faut réagir, sans quoi, très rapidement, nous ressentirons une véritable fatigue.

Les jeunes gens en hiver comme en été, ne doivent jamais dormir dans un lit de plumes. Les plumes tiennent trop au chaud. Même lorsqu'on est couché sur le côté — c'est la position que nous devons toujours garder, — elles procurent à la moelle épinière une chaleur nuisible qui peut conduire à une faiblesse physique et sexuelle. Un matelas un peu dur, des couvertures strictement nécessaires, une chambre à coucher bien aérée, voilà ce qui convient à la jeunesse.

⁎⁎⁎

Après l'hygiène de l'alimentation, il faut parler de *l'hygiène de la respiration*.

Respirons, et en aussi grande quantité que possible, de l'air pur. Ce conseil peut paraître inutile, et cependant, combien de jeunes gens, par paresse, par crainte du froid en hiver, par peur des moustiques durant les mois de chaleur, se condamnent à vivre dans une atmosphère corrompue. Lorsqu'on respire un air vicié pendant de longues heures, on devient facilement irritable et mécontent et le corps, n'ayant plus cette salutaire stimulation de l'air vif, recherche facilement des stimulations malsaines. La vie au grand air est plus saine et plus morale, c'est un fait. Le sang est plus riche, la respiration plus active, on a plus d'entrain et d'ardeur, et on est capable d'efforts plus énergiques et plus prolongés. Comme nous ne pouvons pas vivre toujours, nous les étudiants et les employés, au milieu des champs ou au sommet des montagnes, nous devons obvier à cet inconvénient en observant certaines règles prescrites par l'hygiène. Aérons fréquemment les appartements où nous séjournons. Évitons autant que possible de prendre des positions nuisibles au mouvement de la respiration. Avons-nous à lire ou à écrire, au lieu de nous tenir courbés, tenons le buste très droit afin de dégager la poitrine. — M. C. Lagrange (1) recommande d'avoir recours, pendant le travail, car il ne faut pas rester trop longtemps immobile, à ce qu'il appelle la « *gymnastique respiratoire* » Ces exercices consistent en de larges aspirations que l'on fait artificiellement en imitant ce qui se passe lorsque le matin instinctivement, nous nous étirons. On élève très lentement les deux bras et on les écarte en respirant aussi profondément que possible, puis on les abaisse en rejetant l'air aspiré. Même il est utile en élevant les bras de se lever sur la pointe des pieds comme si l'on tâchait de se grandir : cette opération provoque le redressement des courbures de la colonne vertébrale, redressement qui permet aux côtes de décrire de bas en haut un segment de cercle sensiblement plus grand que le segment habituellement parcouru. Outre que cet exercice empêche l'ankylose des côtes « il déplisse » un grand nombre de vésicules pulmonaires affaissées et où l'oxygène ne pénétrait pas. La surface des échanges entre le sang et l'air augmente ainsi, ce qui explique le phénomène constaté par Marey que le rythme de la respiration demeure modifié même au repos après de semblables exercices prolongés. »

Les jeunes gens auront soin, et c'est à peine nécessaire de signaler ce point, de tenir leur corps

---

(1) *L'Exercice chez les adultes.*

dans un très grand état de propreté. — Tout jeune homme devrait se baigner fréquemment, au moins une fois par semaine ou par quinzaine, et, si possible, faire un grand lavage chaque matin. Prenez une éponge ou linge trempé dans l'eau froide, et, rapidement, lavez-vous tout le corps. Puis essuyez-vous et frictionnez-vous avec la main ou avec un linge très grossier. Pour éviter les refroidissements, commencez cette pratique au mois de juin ou de juillet, vous continuerez sans difficulté pendant les mois de l'hiver car l'habitude ainsi prise, vous n'éprouverez plus le moindre frisson, durant les plus basses températures. Votre corps se trouvera fortifié et votre organisme tout entier tonnifié. Le bien être que vous ressentirez vous dédommagera amplement des efforts que vous aurez été obligé de faire.

* * *

Traiter de l'hygiène de la respiration et de l'alimentation pourrait suffire si nous écrivions pour des hommes d'un certain âge dont le corps est parfaitement formé, mais comme nous avons spécialement en vue les jeunes gens, nous devons aborder la question *des exercices physiques.*

L'homme a besoin d'une constitution forte pour résister à la maladie et aux passions, et pour être aussi indépendant que possible des accidents extérieurs. Sans elle que peut faire l'individu, même le mieux doué intellectuellement ? Presque rien. Quelle que soit la carrière où il s'engage, il sera arrêté dès les premiers pas. Il faut que le corps soit capable de supporter sans faiblir l'empire d'une volonté maîtresse et vaillante.

La génération actuelle, sortie de parents énervés, est prédisposée à l'étiolement. Il n'y a plus d'équilibre entre les muscles et les nerfs. Les nerfs sont surexcités et les muscles alanguis. C'est la névrose, la neurasthénie et toutes les autres maladies à la mode qui attendent la masse de nos jeunes gens dont les facultés intellectuelles sont surmenées, les facultés représentatives exaspérées.

Quand on sait ce qu'est la vie habituelle du grand nombre de nos jeunes gens, vivant dans les populeuses cités, on ne s'étonne pas de la dégénérescence que constatent avec terreur ceux qui s'occupent de l'avenir national.

Leur vie n'est qu'une suite de divertissements plus ou moins saugrenus. Ils n'ont même pas le loisir de faire halte et de reprendre haleine dans l'intervalle de deux danses de Saint-Guy. Les intendants de leurs menus plaisirs ne les laissent pas respirer.

D'une liesse il faut passer à une autre, sans délai ni trêve, ni répit. C'est une existence essoufflée, haletante, absurde, où les sens, perpétuellement éveillés, excités, dégoûtés, se blasent, et où le cœur n'a pas plus de part que l'esprit. De goguette en goguette, on va cahin caha, clopin-clopant, sans penser à rien, sans rien sentir, sans autre impression que la vision sempiternelle d'un infernal tohu-bohu. Un outillage perfectionné, les nouveaux engins de locomotion ou de transport que l'art des forgerons ou des carrossiers invente, ont accéléré, dans ces derniers temps, l'allure vertigineuse de nos farandoles et de nos sarabandes. Regardez, dans nos rues, sur nos boulevards, le long de nos avenues, ces multitudes affairées, qu'un irrésistible remous entraîne, chaque soir, après la fermeture des ateliers et des bureaux, vers tous les endroits où l'on s'amuse. Théâtres, cafés-concerts, restaurants de nuit, on n'a que l'embarras du choix pour aller rire, boire, manger, se désopiler la rate, se dilater l'estomac, se décrocher les machoires. Sous les feux éblouissants de l'électricité qui flamboie, tourne, scintille, resplendit, un bariolement d'affiches multicolores annonce toutes les péripéties de la noce, toutes les attractions de la foire incessante où l'on promet aux noceurs et aux fêtards les surprises innombrables du paradis de Mahomet. Un vacarme joyeux active, exalte, exaspère cette chasse au plaisir.

Les timbres métalliques des bicyclettes carillonnent, les trompes et les trompettes, les cornets et les cornemuses des automobiles ronflent, beuglent, mugissent, brament.

Tous ces passants, n'ayant plus rien à faire, sont naturellement très pressés. Gare au moraliste rêveur et imprudent qui s'en va, tout bonnement, à pied, et qui médite, dans ce brouhaha, sur cet aspect nouveau de la comédie humaine.

... O miseras hominum mentes, o pectora cæca.

Ce piéton pensif, s'il ne s'écarte pas assez tôt du va et vient de ces véhicules effrénés, sera assourdi de sonneries agaçantes, d'appels rauques, de sommations barbares, et devra s'estimer très heureux s'il réussit à sortir de cette cohue sans recevoir quelques injures ou quelques mauvais coups. Car il y a une chanson qui dit :

> Que les chauffeurs, les pédaleurs et les cochers
> Sont quelquefois mal embouchés.

Un tel régime fait mal aux nerfs. On ne mène pas impunément ce genre de vie, que nos ancêtres dans leur pittoresque langage appelaient une vie de patachon (1).

Jamais les exercices physiques n'ont été plus nécessaires qu'à notre époque de vie intense.

Les exercices musculaires faisant pénétrer dans l'organisme une quantité considérable d'oxygène provoquent un vif et énergique travail d'assimi-

---

(1) Gaston DESCHAMPS. — *Le Temps,* 7 juillet 1907.

lation et par contre, l'évacuation des matériaux de désassimilation se fait plus rapidement. Ils activent la circulation d'un sang plus riche. Étant donnée la dépendance de la volonté et de la tension de l'organisme, il est évident que les exercices améliorant l'organisme tout entier, ont par le fait même une heureuse répercussion sur le système nerveux et sur la volonté.

Parlant de l'influence des sports, le Père Didon énumère toutes les ressources des exercices physiques pour la formation morale, pour l'affermissement du caractère et le développement de la personnalité chez les jeunes gens.

Le sport, dit-il, multiplie l'activité physique, et l'activité physique est le soutien de l'activité morale.

Le sport donne l'esprit de combat et de lutte qui fait les hommes vaillants que nul obstacle n'arrête. Le sport donne le goût de l'endurance, apprend la nécessité du sacrifice pour la conservation de la force. (1)

Le sport, développement raisonné des forces physiques, mène tout droit à cet idéal humain : *la victoire de la volonté.*

« C'est par là qu'il est grand, qu'il est philosophique, qu'il nous ramène à ces doctrines stoïciennes où la postérité a relevé beaucoup d'erreurs et

---

(1) *Les Sports athlétiques*, dans *Éducation présente.*

d'exagérations, mais dont elle n'a jamais contesté la noblesse et la pureté. Le *Manuel* d'Épictète est un manuel de sport ; les *Pensées de Marc-Aurèle* sont les pensées d'un sportman, c'est-à-dire d'un lutteur. La lutte morale est indépendante de la lutte physique. Je ne le nie pas, certaines âmes d'élite n'ont pas besoin de la seconde pour triompher dans la première, mais c'est l'exception. Il faut être doué de qualités exceptionnelles, en effet, pour atteindre directement la volonté sans agir au préalable sur l'enveloppe qui la contient, tandis qu'il est à la portée de tout le monde de fortifier l'une par l'autre » (1).

Les exercices physiques sagement compris ont donc du bon. — Il ne faut pas cependant sous prétexte de réagir contre un état de choses évidemment défectueux aller à l'extrême opposé et, confondant grossièrement santé et force musculaire, vouloir faire à tout prix de nos jeunes gens des athlètes.

On donne comme exemple ce qui se passe en Angleterre et aux États-Unis. Là-bas, dit-on, les sports sont en honneur, et leur pratique, mise à la base de l'éducation, produit d'excellents résultats, tant au point de vue de la santé et de l'endurance physique qu'à celui de la moralité.

---

(1) P. DE COUBERTIN. — *Conférence sur l'Éducation physique.* « Revue scientifique », 2 février 1889.

Les résultats sont-ils aussi merveilleux qu'on veut nous le faire croire ? — C'est ce qu'il faudrait prouver. J'ai souvent constaté aux États-Unis et au Canada, où j'ai vécu plusieurs années, que les sportsmen n'étaient *pas toujours* des anges de pureté, ni des caractères vigoureusement trempés et même parfois, n'étaient pas des colosses de santé. J'ai lu des auteurs anglais et non des moindres, qui déplorent l'abus qu'on fait des sports, dans une partie de la société britannique. Ils prétendent que le développement effrayant de la grossièreté, de la brutalité et du bien-être, qu'ils constatent dans leur pays, provient de là. Je n'ai pas à faire le bilan de l'immoralité chez les peuples d'outre-mer. Je n'imiterai pas ces prudes yankees ou ces élégants gentlemen qui semblant ignorer ce qui se passe dans leur propre maison ont pris la fâcheuse habitude de battre leur coulpe sur la poitrine des Français et parlent toujours de la France comme d'un pays perdu de débauche. Sans doute, chez eux, la façade est toujours fraîchement peinte, mais grattez un peu ce vernis de pruderie et vous trouverez comme dans les sépulcres de l'Évangile, de la pourriture. « Non, disait un jour, un illustre avocat, M. Edmond Rousse, non, nos ennemis ne sont ni meilleurs que nous, ni plus purs. Cette corruption dont leurs lourdes railleries nous accusent, elle est dans leur sang comme dans le nôtre. Leurs vices nous ont pénétrés avant que leurs armes nous aient envahis, et il est plus d'un crime qui, sans leur exemple, n'aurait pas deshonoré notre histoire.... »

Que ceux qui vivent d'une vie quasi animale, passant leur temps à manger, sentent le besoin de dépenser le surplus de force que leur laisse la digestion dans des exercices violents, je n'y vois aucun inconvénient. Qu'ils contemplent avec orgueil leurs énormes biceps et leurs membres fortement musclés; cela m'est parfaitement égal. Mais qu'on ne vienne pas nous dire que c'est là l'idéal pour des hommes qui aspirent à vivre d'une vie plus haute et veulent tirer partie de leur intelligence. Nous n'avons pas en réserve des forces inépuisables. Tout ce que nous dépensons de trop en exercices violents est perdu pour les travaux de la pensée.

Si, nous Français, nous avons un peuple à imiter ce n'est pas l'Angleterre, mais bien la Suède qui a complètement renoncé pour ses jeunes gens à de ruineux efforts physiques. Les systèmes de gymnastique en honneur dans ce pays et d'où sont exclus tout exercice énervant et toute fatigue excessive ont pour but de faire non pas des athlètes de foire ni des acrobates de cirque, mais des jeunes gens robustes et sains (1).

---

(1) Cf. *Mon Système*, par MULLER

* *
*

Notre intention, on le comprend, n'est pas de parler de tous les exercices physique, ni de signaler tous les systèmes de gymnastiques aujourd'hui en vogue, je veux attirer l'attention de mes lecteurs sur certains sports un peu trop oubliés et qui sont cependant d'énergiques moyens de thérapeutique.

Et tout d'abord, *le travail manuel*. « Il enrichit le sang, augmente l'énergie, entretient la bonne humeur quand elle existe, et la ramène quand elle a disparu. On vit plus gaiement et plus largement quand le corps a son activité normale, et la pensée loin d'y perdre, y gagne. L'étude sédentaire énerve, altère les impressions et les idées, diminue la clarté des conceptions et dispose aux exagérations et aux excentricités. On ne quitte pas impunément la base de la vie. On tient mieux sa plume et on s'en sert mieux après avoir raboté, scié, limé, martelé, car rien n'active la circulation cérébrale et l'éclosion des pensées comme une occupation physique modérée et, d'autre part, en nous rapprochant de la vie réelle, des choses qu'on voit, touche et qui sont du domaine essentiellement pratique, on assemble au fond de son être comme un lest précieux qui empêche la pensée de s'égarer et de se perdre dans le vide » (1).

---

(1) WAGNER. — *Jeunesse*, p. 269.

Le travail des champs est particulièrement tonique. Beaucoup de nos jeunes gens en sont d'ordinaire éloignés par leurs occupations, mais ne pourraient-ils pas y consacrer une partie de leurs vacances. Au lieu de les passer à flâner dans quelque ville d'eaux où l'on s'ennuie et où l'on se fatigue, fuyez à la campagne. Si vous avez un coin de terre que vos pères vous ont légué, aimez à le cultiver. C'est si bon de se baisser un peu vers ce sol arrosé par les sueurs de ceux qui ne sont plus. Au temps des moissons ou de la fenaison, allez aider le paysan à soigner et à rentrer sa récolte. Vous respirerez à pleins poumons les senteurs bienfaisantes qui montent de la terre, vous écouterez la grande voix de la nature qui charme et qui repose. L'automne venu, allez couper le raisin et chanter avec le vigneron joyeux, les gaies chansons des vendanges. Apprenez à manier la pioche, la faulx et à conduire une charrue. Vos mains et votre visage perdront leur blancheur, mais votre santé sera meilleure. Vous éprouverez alors la joie de vivre d'une vie plus pleine et vous pourrez, après avoir, pendant quelques semaines, oublié la vie factice de la grande ville, reprendre avec une vigueur nouvelle, votre tâche habituelle. En communiant à la terre vous aurez compris la sainteté du travail et le sérieux profond de la vie.

Si vous avez le bonheur de vivre à la campagne, ne l'abandonnez pas pour la ville. Aimez cette t... .ie qui fait les hommes robustes et les générations fortes. Si nous sommes si tristement déchus de notre antique vaillance, c'est que nous avons abandonné en trop grand nombre, la vie simple et laborieuse des champs. Le vieux mythe du géant Antée est bien symbolique. Chaque fois qu'il touchait à la terre, ses forces se ranimaient. Il ne fut vaincu que lorsque son adversaire parvint à l'en arracher complètement.

Je veux vous signaler un autre exercice, fort en honneur dans l'ancienne France et qui joint l'utile à l'agréable, *c'est la marche, sac au dos*, à travers le pays. Depuis l'invasion des bicyclettes et des automobiles et la multiplication des voies ferrées, on ne sait plus apprécier les vieilles courses pédestres; aussi on ne connaît presque plus son pays. On regarde les plus beaux paysages à travers les vitres embuées ou noircies par la fumée et on néglige d'innombrables sites charmants parce qu'il faudrait marcher un peu. De la France, les voyageurs ne connaissent que les buffets des gares, les hôtels cosmopolites ou les stations bruyantes.

Jeunes gens, reprenez le bâton noueux de vos pères et comme eux, pas à pas, mesurez la terre natale afin de mieux la connaître pour mieux l'aimer. Partez en caravanes de plusieurs gais camarades, traversez ses plaines immenses, escaladez ses montagnes, pénétrez dans ses sombres forêts, parcourez ses grèves arides, en même temps que vous jouirez des vastes horizons, que vous vous enivrerez des senteurs capiteuses des bois, que vous vous laisserez bercer au bruit monotone des vagues, vous vous nourrirez de force et de vie. De ces excursions, vous reviendrez meilleurs, pleins d'amour pour votre pays, le plus beau royaume après le ciel, comme disent nos vieilles chroniques, parce que vous aurez senti l'âme de la France vibrer partout sur les champs de bataille, dans les ruines merveilleuses du passé comme dans les travaux gigantesques du présent. — Allons, jeunes gens, ne faites plus du 90 à l'heure, contentez-vous des six petits kilomètres de nos pioupious. C'est peut-être moins élégant, moins chic, mais c'est sûrement plus profitable, plus moral, plus hygiénique et aussi moins dangereux.

Il est enfin un exercice très salutaire et à la portée de tous quand les lieux le permettent, c'est *la natation.* « La gymnastique n'a pas un moyen supérieur de développer harmonieusement tout l'organisme. Dans la natation, tous les muscles travaillent : les quatre membres sont mis en jeu, dans une égale proportion. Aucune hypertrophie de telle ou telle portion de la machine humaine ne peut se produire. Le poumon lui-même se fortifie, en concourant par un jeu particulier à l'ensemble de l'action. Ajoutez à cela l'effet tonique d'une eau fraîche et vive, l'action du grand air et du soleil sur la peau, qui ne les ressent jamais que dans ces occasions et vous aurez les plus excellentes conditions de gymnastique et d'hygiène dans lesquelles on puisse placer le corps de l'enfant et du jeune homme. On ne saurait trop exposer la peau, surtout pendant la jeunesse à la vivifiante influence du soleil et de l'air. Un des mérites de la natation, c'est la nudité qu'exige cet exercice Le bain doit être précédé et entremêlé d'une insolation sagement mesurée, mais aussi longue que possible.

Quand la qualité de l'eau se joint aux vertus qu'a par elle-même la natation, la vigueur et la beauté se développent singulièrement chez les races qui la pratiquent Sans parler des populations maritimes, nous voyons encore, au bord de certains fleuves, de fortes familles de bateliers qui figurent parmi les plus belles, les plus saines, les plus vigoureuses de la France » (1).

Je n'ai pas la prétention de réduire à ces quelques sports tous les exercices qui peuvent être utiles aux jeunes gens. Faites, si vous le pouvez, de l'équitation, de la bicyclette, mais avec une selle hygiénique, de l'escrime et surtout de l'escrime à la baïonnette, cet exercice si redouté des jeunes soldats. En hiver, faites du patinage, en été, du canotage; en d'autres saisons le jeu de

(1) V. DE LAPRADE. — *Le Correspondant*.

barres, le jeu de paume et tous les vieux jeux français sont excellents.

Pour bien vous prouver que je n'ai pas de parti pris contre tout ce qui nous revient sous un autre nom des pays anglo-saxons après être sorti de chez nous, je vous recommanderai même de faire de temps en temps de bonnes parties de foot-ball, de base-ball, de hockey, de lawn-tennis (1). J'irai plus loin. Dansez, si vous voulez, mais à une condition c'est que la danse ne soit pas, ainsi qu'on l'a dit, une promenade langoureuse à travers des groupes confus, ou une série de tortillements des hanches aussi laids au point de vue de la statuaire qu'inconvenants au point de vue de la décence.

Toutes les formes de culture physique ne se valent pas, c'est bien certain. Les meilleures sont celles qui mettent en mouvement tous les muscles et favorisent énergiquement une plus large respiration, mais, même la moins bonne vaut mieux que pas de culture physique du tout. Vous saurez donc faire, entre tous les sports, un choix judicieux, en tenant compte non pas seulement de vos goûts et de vos aptitudes, mais surtout de vos besoins physiques et moraux.

En vous livrant à ces exercices physiques sagement mesurés, en prenant les soins d'hygiène nécessaires à votre santé, non seulement vous n'allez pas

---

(1) Cf. A. RIANT. — *Le Surmenage intellectuel et les exercices physiques*, p. 169 et suiv.

contre l'esprit de l'Église, mais vous entrez pleinement dans la voie qu'elle nous trace. N'a-t-on pas vu le Pape Pie X présider lui-même dans une des cours du Vatican, des concours de gymnastique et dans beaucoup de diocèses ne voit-on pas les Évêques se faire les ardents champions des sports athlétiques ?

Il n'y a pas de contradiction entre la conduite de l'Église aujourd'hui et celle qu'elle tenait autrefois.

Si autrefois elle recommandait à ses fidèles le jeûne et les macérations, c'est qu'elle avait à faire à des races exubérantes de sang et de passions, et toutes ces privations étaient nécessaires au rétablissement de l'équilibre rompu entre l'esprit et la chair, au profit de cette dernière. Aujourd'hui se trouvant en présence de générations anémiées, elle comprend que pour les rendre fortes pour le bien, elle doit travailler à relever la vigueur des tempéraments, c'est pourquoi, et par l'adoucissement de sa discipline et par l'éducation physique qu'elle favorise, elle essaye de remonter le niveau des santés. L'Église veut la noblesse de l'âme, mais elle ne dédaigne pas la beauté, la pureté, l'agilité du corps. Est-ce qu'elle n'interdit pas l'entrée du sanctuaire et le ministère sacré à ceux qui sont difformes ? Et puis, si nous voulons aller, au fond des choses, y-a-t-il une si grande opposition entre la gymnastique et l'hygiène d'une part, et la mortification des sens et le mépris du corps de l'autre. L'opposition est plus dans les apparences que dans la réalité. L'hygiène exige bien des privations et la mortification est souvent très hygiénique. Toutes deux concourent au même but : le développement de la vie par la maîtrise de l'esprit sur la chair. Elles trempent les volontés de ces énergies puissantes qui réalisent les grandes entreprises morales et sociales.

XV

Chasteté et Virilité.

XV

Chasteté et Virilité.

Une des grandes causes de l'affaiblissement des volontés et de l'abaissement des caractères, c'est la sensualité. Énergies physiques, énergies intellectuelles, énergies morales, tout dépérit et meurt chez les jeunes gens qui s'abandonnent aux excès des plaisirs impurs.

Combien de jeunes hommes ne rencontre-t-on pas dont la physionomie est marquée des stigmates honteux de la débauche? Leur âme ne rayonne plus au dehors et leur visage au lieu de la fraîcheur divine du jeune âge porte déjà les flétrissures du temps. Ce sont des cadavres ambulants.

L'impureté n'arrête pas là ses ravages, *elle s'attaque aux forces physiques.* Le corps n'est point fait pour être le théâtre de tempêtes telles que celles que déchaîne la volupté dans l'organisme humain où elle met tout en feu depuis l'imagination et le cœur jusqu'au sang et aux moelles. A mesure que les coups s'en renouvellent, l'organisme sous une poussée toujours plus forte, s'exaspère, s'affole. Aucun désordre ne porte une atteinte plus grave à la vigueur du tempérament.

La nature outragée se venge terriblement, elle jette dans les bras de la mort des êtres qui avaient tout ce qu'il fallait pour vivre, mais qui, en des heures de folie criminelle ont gaspillé « leur propre substance; » ou bien, elle les livre à ces terribles maladies qui, selon le mot de Bossuet « déconcertent l'art des médecins et confondent leur expérience. »

Que devient la volonté? On pourra échapper peut-être aux flétrissures physiques du vice, et au milieu de grandes débauches conserver la fraîcheur de son teint, la candeur de son regard et même jouir d'une santé qui permette de satisfaire gaillardement ses vices, mais la volonté restera-t-elle aussi forte, hors des atteintes de la terrible moissonneuse? Hélas! c'est surtout là que la volupté exerce ses ravages.

Toutes les puissances sensibles et intellectuelles du voluptueux sont constamment obsédées par l'objet de sa convoitise. Saint Thomas d'Aquin dit que les plaisirs sensibles partagent, tiraillent et finalement enchaînent les énergies de l'âme. (1) L'impudique, poursuivi sans cesse par des images grossières et des fantômes obscènes, semble ne vivre que pour les sens. C'est là le mobile de toutes

---

(1) I^a, II^æ, quest. XXXIII, art. 3.

ses actions, la fin dernière de son existence. Dévoré du délire de la volupté, il s'en va dans une course folle, brûlant les étapes du vice, jusqu'aux bas-fonds de l'ignominie.

« Chaque jour, les besoins créés par cette nouvelle nature qui s'est façonné un organisme en rapport avec elle-même, parlent sur un ton impérieux, réclament leur pâture et leur satisfaction. Peu à peu les résistances désarment, les obstacles qui barraient le chemin aux appétits dépravés s'aplanissent : l'homme sollicité régulièrement aux mêmes compromis, devient pareil à une machine dont les mouvements sont réglés d'avance, sans lutte, sans hésitation, sans réflexion, conduit par cette sorte de fatalité, il va chaque jour s'agenouiller devant l'autel de la volupté; des hauteurs où le Créateur l'avait placée, la vie descend dans le gouffre comme les torrents se précipitent de la montagne, ses ondes ne sont plus même tentées de sortir du lit profond qu'un travail continu a creusé et que chaque acte nouveau creuse davantage; semblable au flot, l'âme coule, en chantant, sans même s'apercevoir que sa voix détonne, que ses accents faussés troublent l'harmonie de l'univers, elle pèche, comme on mange, comme on boit, comme il respire. » (1)

A certains jours, ces pauvres jeunes gens, au

---

(1) P. JANVIER. — *Conférences de 1907*, 6ᵉ Conférence.

moins ceux que la passion n'a pas complètement aveuglés, entrevoyant dans un lointain tout de lumière, les beautés d'une vie pure, voudraient secouer cette ignoble tunique de Déjanire dont les fils empoisonnés adhèrent à leur chair et la consument d'un feu dévorant. Ils sentent que leur mémoire s'amoindrit, que leur intelligence s'engourdit, que leur volonté s'exténue, que leur caractère s'efface et disparaît, que leur cœur s'endurcit, que leur corps s'alanguit et tombe. Il se passe dans leurs âmes ce qui se passait dans celle d'Augustin, avant sa conversion. « Il arrive, dit-il, que je suis saisi d'un sentiment étrange, une douceur inconnue me pénètre, qui, devenue achevée, serait je ne sais quoi qui ne serait plus la vie. Mais je retombe sous le joug de mon accablante misère, je suis absorbé à nouveau par mes fatales et ordinaires passions, je suis lié, et je pleure beaucoup sans que l'abondance de mes larmes m'arrache à ma servitude, le seul fardeau de l'habitude me rejette dans le gouffre » (1).

Pour briser les chaînes de l'infernale concupiscence, il faudrait un vigoureux acte d'énergie, et nous en sommes incapables. Et puis, nous aimons tant nos tyrans, leurs voix nous charment, leurs moindres appels nous font tressaillir jusqu'au plus intime de nous-mêmes. Alors, sans même nous donner la peine

---

(1) *Confessions*, X, 40

d'esquisser un geste sincère de résistance, nous nous couchons au pied de cet arbre de mort dont les lourdes et enivrantes émanations engourdissent notre volonté !

Voilà bien, prise sur le vif, une des conséquences du vice impur, *c'est de rendre incapable de tout effort* et par conséquent de barrer les routes qui conduisent à la virilité.

Regardez ces hommes que dévore le chancre du plaisir ; de quelles œuvres remarquables sont-ils capables ? Ils ont horreur du travail et de l'effort. Eussent-ils reçu les dons les plus heureux, ils ne produiront, règle générale, rien de grand et de vraiment utile. Ils ne peuvent même pas maintenir intact l'héritage que leur ont légué d'actifs et laborieux ancêtres. Entre leurs mains, les entreprises le plus solidement établies, s'écroulent, les fortunes s'évanouissent. La passion mauvaise a drainé toutes les forces vives et selon l'énergique expression de l'Écriture « leur vie s'est écoulée comme de l'eau. » Ce ne sont plus des hommes, mais des êtres diminués, amoindris, des puissances émiettées.

« Quand vous regardez dans l'histoire de notre pays et que vous y voyez tous ces noms illustres qui en étaient la couronne,... et qu'ensuite, regardant ces races dans le présent, vous en trouvez qui plient sous le fardeau de leur antiquité, enfants dont l'épée maniée par leurs pères avait étendu les frontières de la patrie et de la vérité, et qui ne peuvent plus rien ni pour l'une ni pour l'autre, il ne vous est pas difficile d'en connaître la cause. Le vice a passé dans ces races et en a rongé les fibres vives. Il n'épargnera pas même les nations. Un temps vient, et pour quel peuple n'est-il pas venu tôt ou tard? un temps vient où l'histoire civilisée succède à l'histoire héroïque; les caractères tombent, les corps diminuent, la force physique et morale s'en va d'un même pas, et l'on entend de loin le bruit du barbare qui s'approche et qui regarde si l'heure est venue d'enlever du monde ce vieillard de peuple. Quand cette heure a sonné, quand un pays se sent trembler devant la destinée, qui a passé sur lui? quel souffle a tari sa vie? Toujours le même, la mort n'a jamais qu'un grand complice. Ce peuple s'est abâtardi dans les homicides joies de la volupté; il a versé son sang goutte à goutte, et non plus par flots, sur les champs féconds du dévouement, or il y a du sang versé de la sorte une vengeance inévitable, celle que subissent dans la servitude et la ruine toutes les nations finies » (1). Que les jeunes gens songent donc que « chaque fois que le tentateur s'attaque à eux, que c'est l'ennemi de la vie, de la beauté, de la bonté, de la force, de la gloire, que c'est l'ennemi universel et national. » C'est l'ennemi de la France. Le sang que vous portez,

---

(1. P. LACORDAIRE.   Conférence 22e, 1844

c'est le sang de la patrie bien-aimée ; il a coulé des veines des ancêtres dans les vôtres, il coulera demain dans celles de l'avenir : voudriez-vous qu'il n'arrive qu'appauvri, rare, corrompu, stérile dans les corps énervés de la génération prochaine ? Voulez-vous que l'épée de la France tombe en des mains tremblantes, au bout d'un bras sans force, ou qu'elle pende, importune aux flancs d'êtres vidés, qui ne vibreront plus que sous la secousse homicide de criminelles voluptés ? Jeunes gens, si vous avez au cœur l'amour de votre pays, gardez pur le sang de la vieille France et ne tuez pas l'avenir que Dieu a déposé dans vos flancs (1).

La volupté va plus loin encore, *elle s'attaque au cœur du jeune homme.* Chacun pour soi, voilà la devise des jouisseurs. En dehors de cette maxime, érigée en principe, il n'y a plus rien. Ne leur demandez pas d'avoir l'âme assez grande pour travailler et pour se dévouer au bien de leurs concitoyens ; n'exigez pas de ces êtres qui ne vivent que pour eux d'avoir le cœur largement ouvert aux misères et aux souffrances d'autrui ; il y a dans les sens un égoïsme naturel, un orgueil inné qui dévorent les plus belles qualités du cœur et en brisent les fibres les plus délicates. Il sait, le voluptueux, qu'il fait rougir son père et désespère sa mère, qu'il installe la honte et la douleur au foyer dont il

---

(1) Cf. P. SERTILLANGES. — *Nos vrais Ennemis ; Le vice antisocial*

devrait être l'honneur et la joie, que ses heures de plaisir engendrent des jours de tristesse et de terreur à ceux qui ont comme pétri sa vie de leurs sueurs et de leurs larmes, que lui importe? Les supplications les plus ardentes, les perspectives des catastrophes les plus terribles ne vaincront pas son égoïsme. Il s'amusera en dépit de tout et pour satisfaire ses passions, il immolera gaiement son âme, sa conscience, il sacrifiera sa vie qu'il a le devoir de garder, celle des autres, et lui fallut-il ramper dans la boue aux pieds de la plus vile des créatures, il rampera.

« J'ai déjà vu dans ma vie bien des jeunes gens, écrivait le P. Lacordaire, dans une des pages qu'il faut relire et méditer, et je vous le déclare; je n'ai jamais rencontré d'âmes aimantes que les âmes qui ignoraient le mal ou qui luttaient contre lui. Une fois, en effet, qu'on s'habitue aux émotions violentes, comment voulez-vous que le cœur, une plante si délicate, qui se nourrit de quelques gouttes de rosée tombant çà et là pour lui; qui s'ébranle par de légers souffles; qui est heureux pour des jours par le souvenir d'une parole qui a été dite, d'un regard qui a été jeté, d'un encouragement que la bouche d'une mère ou la main d'un ami a donné; le cœur, dont le battement est si calme dans sa vraie nature, presque insensible, à cause de sa sensibilité même, et de peur qu'il n'eût été brisé par une seule goutte d'amour, si Dieu l'avait fait moins profond ; comment, dis-je, voulez-vous que le cœur oppose ses douces et frêles jouissances aux jouissances grossières et exagérées du sens dépravé? L'un est égoïste, l'autre généreux ; l'un vit de soi, l'autre hors de soi ; entre ces deux tendances, l'une doit prévaloir. Si le sens dépravé l'emporte, le cœur se flétrit peu à peu, ils ne sent plus la force des joies simples; il ne va plus vers autrui ; il finit par ne plus battre que pour donner son cours au sang, et marquer les heures de ce temps honteux dont la débauche précipite la fuite. Mais quoi de plus abject que de tuer le cœur dans l'homme ? Que reste-t-il de l'homme quand son cœur ne vit plus ? »

Jeunes gens si vous voulez être forts il faut être purs. Toutes les saintes réserves que la Providence si libérale a déposées en vous, vous sont nécessaires pour mener à bonne fin l'œuvre de votre vie. Toute déperdition de force est dangereuse pour votre organisme qui en a besoin pour parachever son développement. Toute excitation factice a un fâcheux contre-coup sur votre système nerveux en voie d'évolution. Tout gaspillage du cœur porte atteinte à la délicatesse de vos sentiments. Toute abdication de la volonté vous rend moins hommes.

Tandis que l'impureté vous annihile et vous tue, la pureté au contraire vous fortifie et vous conduit à la plénitude de la vie.

⁂

La Chasteté est une vertu vivifiante.

Et tout d'abord *au point de vue de la santé physique*. Je n'ignore pas qu'aujourd'hui, dans certains milieux, il est de mode d'écrire et de dire que l'abstention totale des plaisirs sensuels est préjudiciable à la santé des jeunes gens. Jouir, avec le moins de risque possible et en évitant les excès, voilà l'idéal de tout un monde dont Renan et d'autres littérateurs en vogue, ont été ou sont encore les prophètes.

Que des écrivains sans conscience ni vergogne, dont le seul but est de spéculer sur une curiosité malsaine en corrompant la jeunesse, osent affirmer que la continence est nuisible et que ceux qui ne goûtent pas aux plaisirs sont des êtres diminués, niais, quoi d'étonnant à cela? Sous la plume de ces stylistes, faiseurs de pornographie médicale on trouve tant de choses sinon absurdes du moins étranges, que cette affirmation n'a rien qui nous surprenne. Mais que des médecins, c'est-à-dire des hommes qui chaque jour sont aux prises avec les misères de notre pauvre nature et qui passent leur temps à arrêter, quand ils le peuvent, les ravages de ce vice qui s'incruste si profondément dans notre chair, osent écrire de pareilles balivernes et aient la cynique impudence de conseiller aux jeunes gens malades qui les consultent, de s'amuser un peu, s'ils veulent recouvrer la santé, éviter les maux de tête et travailler avec plus d'ardeur, cela dépasse les bornes du permis. Heureusement que le plus grand nombre de nos médecins, aussi bien en Europe qu'en Amérique, et c'est parmi eux que se recrute l'élite du corps médical, enseignent que non seulement la chasteté n'est pas nuisible, mais qu'au contraire *elle est nécessaire à la santé et à la vigueur du corps.* Ceux qui sont purs sont plus forts, disent-ils, plus résistants à la fatigue, mieux armés contre les germes de certaines maladies générales qui arrêtent si souvent les jeunes gens dans leurs travaux au moment où ils donnent leur dernier effort pour assurer le succès de leur carrière.

« Il faut surtout enseigner à la jeunesse masculine, disait le docteur Neisser, que non seulement la chasteté et la continence ne sont pas nuisibles, mais encore que ces vertus sont des plus recommandables au point de vue médical. »

« Nous condamnons énergiquement, comme une doctrine des plus pernicieuses, calculée pour servir le mal et encourager la pire forme du vice, la théorie qui veut qu'un préjudice quelconque puisse découler d'un célibat chastement conservé » (1).

« La chasteté ne nuit pas plus au corps qu'à

---

(1) Dr George H. NAPHEYS. — *La Transmission de la Vie.*

l'âme. Sa discipline est préférable à toutes les autres.... Parmi les nombreux névropathes et hypocondriaques qui sont venus me consulter au sujet des relations immorales, je n'ai pas entendu un seul dire qu'il s'en fut trouvé mieux portant ou plus heureux » (Dr Sir James Paget).

« Il est une idée singulièrement fausse et qu'il importe de combattre parce qu'elle assiège non seulement l'esprit des enfants, mais encore celui des pères qu'elle semble autoriser à prendre leur parti de l'inconduite de leurs fils : c'est l'idée des dangers imaginaires d'une continence absolue.

La virginité des jeunes gens est une sauvegarde physique, morale et intellectuelle » (Dr E. Périer).

En décembre 1887, la faculté de Médecine de l'Université de Christiania faisait la déclaration suivante : « L'assertion proférée récemment par plusieurs personnes et reproduite dans des journaux et des assemblées publiques, qu'une vie de pureté et de moralité serait préjudiciable à la santé, ne repose, suivant nos expériences constatées *à l'unanimité*, sur aucun fondement. Nous n'avons jamais eu connaissance d'un préjudice quelconque résultant d'une vie absolument pure et morale. »

Quelques années plus tard, en septembre 1902, la conférence internationale de prophylaxie sanitaire et morale, émettait au Congrès de Bruxelles, le vœu suivant : « Il faut enseigner à la jeunesse masculine que non seulement la chasteté et la continence ne sont pas nuisibles mais encore que ces vertus sont des plus recommandables au point de vue purement médical et hygiénique. »

Nous pourrions multiplier les citations, mais à quoi bon? Est-ce que vous ne pouvez pas en expérimenter vous-mêmes toute la vérité? Vous connaissez parmi vos camarades des jeunes gens chastes, — car il y en a encore, grâce à Dieu, et même dans des milieux peu favorables à l'éclosion de cette plante délicate, — beaucoup parmi eux, n'ont-ils pas de robustes santés, ne sont-ils pas pleins de vigueur aux jeux; leur intelligence est-elle moins brillante que celle des noceurs? Soyez bien persuadés qu'ils ne souffrent pas d'atroces douleurs du seul fait qu'ils sont purs. Pourriez-vous en affirmer autant de la masse des viveurs de votre entourage? Et que diriez-vous s'il vous était donné de pénétrer dans l'intime de leur vie! Ils s'amusent, mais ils paient souvent chèrement leurs plaisirs. Votre expérience personnelle ne vous apporte-t-elle pas parfois un énergique confirmatur à ce qu'enseigne la médecine? Quelle est la cause ordinaire de ces abattements, de ces prostrations que vous ressentez à certains jours ? Cela provient-il d'un travail physique ou intellectuel trop intense ? C'est possible. Mais le plus souvent n'êtes-vous pas fatigués avant même d'avoir travaillé, à l'heure où vous venez de prendre le repos qui aurait dû réparer vos forces ?... La réponse à ce pourquoi, si vous avez la franchise de l'avouer, c'est que vous n'avez pas su résister à une tentation et que vous avez gaspillé des énergies qui étaient nécessaires à votre santé.

Vivifiante au point de vue physique, *la chasteté l'est aussi au point de vue moral.*

Notre société contemporaine, dans certaines de ses sphères ressemble à un mauvais lieu où tout est organisé pour faire tomber les imprudents qui s'y aventurent ou les malheureux qui sont obligés d'y vivre. Les réunions mondaines ne sont-elles pas la plupart du temps de simples excitations sensuelles ? La littérature la plus en vogue, celle que l'on trouve partout, n'a-t-elle pas pour but glorifier les passions les plus viles ? Dans les rues, nos yeux ne sont-ils pas à chaque instant attirés par des affiches ou des gravures obscènes, étalées aux vitrines des magasins ou des restaurants les plus fréquentés ? Les jardins publics et les palais nationaux sont peuplés de nudités. Dans les conversations, on rit bêtement de la pureté d'un jeune homme de vingt ans, on raille la pudeur et on s'amuse de l'amour comme d'une drôlerie ou d'une gaudriole. Partout on coudoie la tentation sous toutes les formes, mais surtout sous celle de ces êtres de malheur façonnés et parés pour la séduction.

Si nous ajoutons à toutes ces excitations extérieures celles qui viennent de notre propre nature, on comprendra aisément que la lutte soit dure, angoissante et la victoire difficile. Mais là précisément se trouve un des plus puissants moyens de fortifier la volonté que nous ayons à notre disposition.

Habituez-vous, entraînez-vous à demeurer chastes, non seulement dans votre corps mais aussi dans vos pensées et dans vos désirs. L'hygiène sagement comprise, le travail actif, les sports avec leurs diversions sont excellents pour lutter contre le mal, mais insuffisants. Sans une volonté énergique vous n'arriverez pas à de grands résultats et vous n'aurez peut-être même pas la force de persévérer dans l'emploi de ces moyens curatifs et préservatifs.

Chaque jour et à chaque instant du jour, il faudra par un acte de volonté imposer silence aux sourdes poussées de la chair, dissiper les imaginations lubriques. Vous aurez à dire un non catégorique à ce camarade qui vous entraîne à des actions que proscrit votre conscience, vous aurez à vous éloigner de ce lieu où votre vertu pourrait sombrer.

De plus, vous devez éviter tout excès et tout plaisir amollissant, bannir tout sentiment efféminé. En un mot, c'est la rudesse du cœur et l'austérité de la vie qui sont exigés, si vous ne voulez pas capituler avec la volupté.

Quelle ample moisson d'actes volontaires vous pouvez faire ! Quelle occasion incessante de vous façonner un solide tempérament moral ! Chacun de ces efforts fortifiera votre volonté et cela d'autant plus qu'il vous aura coûté davantage. Et Dieu seul sait ce qu'il en coûte à certains moments pour chasser de son esprit une pensée qui l'obsède, pour détourner son regard d'un objet qui l'attire, pour arracher de son cœur une affection qui le pervertit, pour respecter toujours son corps et son âme.

Si pendant les années de votre jeunesse vous avez lutté courageusement contre cet instinct puissant; si vous êtes sortis vainqueurs de ces épreuves préliminaires, votre volonté fortement aguerrie surmontera plus facilement les obstacles qui ne manqueront pas de se dresser devant vous sur les routes de la vie. Quoiqu'il arrive et quel que soit le rôle que vous ayez à remplir dans la société, vous saurez toujours aller droit votre chemin. Tandis qu'à vos côtés, tant d'autres à qui cette rude et crucifiante initiation aura manqué, s'en iront à tous les compromis et s'accommoderont de toutes les bassesses, vous, vous ne capitulerez jamais devant le devoir si pénible qu'il puisse être.

Vertu vivifiante, LA PURETÉ EST AUSSI UNE VERTU GÉNÉREUSE.

Pourquoi l'Église catholique exige-t-elle de ses prêtres la pureté la plus absolue? C'est qu'elle veut qu'ils soient des vaillants, mais c'est aussi pour qu'ils puissent se dévouer à toutes les œuvres nécessaires au salut des fidèles. L'histoire ecclésiastique, depuis les origines apostoliques jusqu'à nos jours, n'est-elle pas l'histoire des victoires de la charité et de la chasteté? Elle est innombrable la légion de ceux qui ont renoncé à tous les plaisirs mêmes légitimes pour se donner totalement à Dieu et aux hommes. Cette angélique vertu est la base de toutes les œuvres de dévoûment qui, comme une merveilleuse floraison, se sont épanouies sur notre terre de France, la terre classique de l'apostolat.

Dans la mesure même où vous serez purs, jeunes gens, vous saurez vous sacrifier pour la gloire de Dieu et pour le bien de vos frères. La jeune armée catholique, celle qui travaille et se dévoue et non pas celle qui parade et plastronne orgueilleusement devant les foules, où se recrute-t-elle ? Chez les jeunes au cœur pur. Les héros de nos œuvres sont les héros de la chasteté. Ils savent lutter parce qu'il y a longtemps qu'ils ont appris l'art difficile de la guerre; ils savent se dépenser, car ils connaissent ce que c'est que le sacrifice, leur vie tout entière, celle que l'on ne voit pas, n'est-elle pas un crucifiement perpétuel ?

Qu'elle est belle cette race des jeunes gens purs, marqués au front du signe de la virilité! Les yeux aiment à se reposer sur eux. La noblesse de leur visage, la fierté de leur attitude, la dignité de leur vie charment et attirent. C'est une beauté à laquelle personne ne résiste. Les premiers jours du printemps, a-t-on dit, ont moins de charmes que les vertus naissantes du jeune homme. (1)

---

(1) Ouvrages à lire : P. LACORDAIRE, *Conférences de Notre-Dame*, année 1844; — *Nos vrais Ennemis*, par le Père SERTILLANGES (Lecoffre. Paris); — *La Pureté, préservation, direction, imitation*, par J. RENAULT (Lethielleux, Paris); *L'Éducation de la Pureté*, par l'Abbé FONSSAGRIVES (Poussielgue. Paris); — *Ce que tout jeune homme doit savoir*, par SYLVANUS STALL; — *La vie de jeune homme*, par le Dr SURBLED (Maloine. Paris). — *Le Vice et le Péché*, par P. JANVIER (Lethielleux, Paris); — *La Règle des Mœurs*, par l'Abbé VIGNOT (Poussielgue. Paris); — Dans la *Mission de la Jeunesse Contemporaine*, le chapitre « Les Passions », où sont indiqués les ravages de l'impureté au point de vue intellectuel.

XVI

Sursum Corda! — L'idéal.

XVI

Sursum Corda! — L'idéal.

S'il y a parmi la jeunesse d'aujourd'hui tant de médiocrité, de vulgarité ; si l'on rencontre tant de fantoches qui sur les trottoirs de nos grandes villes traînent au rythme craquant de leurs escarpins vernis, une existence vide de tout, de sentiments comme d'idées ;» s'il y a tant d'âmes banales, effacées dont l'unique ambition est de suivre paisiblement l'ornière et de se tailler une petite place où elles pourront jouir en paix des douceurs de la vie, c'est que, parmi nous, *on ne connaît plus la passion de l'idéal.* Et, si à côté de cette innombrable légion qui suit les sentiers battus, il y a toute une armée de jeunes gens qui gaspillent dans de honteuses orgies leurs meilleures années et compromettent gravement leur avenir physique et moral, est-ce que cela ne provient pas du défaut d'idéal plus que du manque d'occupation ou d'une augmentation des occasions de débauche ?

Non seulement les jeunes gens n'ont plus d'idéal, mais ils s'en moquent. A notre époque de vie pratique intense, disent-ils, on n'a que faire de cette puérile chimère, bonne tout au plus pour les Don Quichotte du Moyen-âge ; ce qu'il faut avant tout, c'est brasser des affaires, ramasser de l'argent pour s'amuser. S'emparant du mot de Stirner, ils accusent l'idéal d'être un pion, dont on s'amuse et dont il faut à tout prix se débarrasser, parce qu'il est gênant. N'a-t-il pas la prétention d'entraîner notre vie sur les sommets, en l'arrachant à la hantise des bas-fonds où elle se traîne ?

« Ces injures contre l'idéal sont, selon nous, des injures contre l'intelligence même. L'huître, à coup sûr, n'a pas d'idéal, mais elle n'a pas davantage de science, ni de philosophie. Dès qu'on fait œuvre d'intelligence, on distingue, on classe, on apprécie, on évalue » (1).

Objet de la risée, l'idéal s'est enfui à tire d'ailes. Nos écrivains les plus en vogue le constatent. « Il n'y a plus de flamme dans les yeux de notre génération », écrit l'un d'entre eux (2). « Un vent de cimetière souffle sur notre siècle.... Cela sent la mort d'un bout de l'Europe à l'autre » (3).

Vos cerveaux de vingt ans ont besoin d'un idéal. Lui seul est capable, s'il est grand, noble et si vous lui livrez votre âme avec toutes ses puissances, de vous rendre dignes de remplir votre mission, parce que seul il peut faire de vous des hommes au

---
(1) FOUILLÉE. — *Éléments sociologiques de la morale*, p. 309
(2) A. DAUDET. — *La petite paroisse.*
(3) E.-M. DE VOGÜÉ.

vouloir énergique, au caractère solide et stable comme le granit des montagnes, ferme et pénétrant comme l'acier ; parce que seul aussi il peut servir de dérivatif assez puissant pour vous détourner des passions inférieures qui vous avilissent et vous attirent en bas.

*_**

Tous nous possédons, au plus profond de notre être, une incomparable réserve d'énergie. Mais, pour que ces forces arrivent à leur perfectionnement, donnent leur maximum de rendement, il est absolument nécessaire de leur fixer un but ; non pas un but qui se perde dans le vague du brouillard, mais un but précis. Il nous faut une étoile polaire, vers laquelle nous puissions, même aux heures les plus sombres, diriger nos efforts.

Sans cela qu'arrive-t-il? Nous nous débattons dans une mer de perplexités et d'hésitations, ne sachant pas où aller. Nous travaillons, nous peinons nous endurons peut-être le plus torturant des martyres, celui qui consiste à piétiner sur place ou à reculer aussitôt qu'on avance, pour aboutir à rien. Que de vouloirs perdus, de vies désorientées, d'efforts vains, de dévoûments prodigués en pure perte, parce que l'on n'a pas su au juste pourquoi on travaillait!

Il faut à notre vie un but précis. Centre unique, il servira de point de ralliement pour tous les élans généreux de notre âme. Toutes nos pensées, toutes nos affections, toute notre activité seront pour lui.

Ayez toujours devant les yeux un idéal ; contemplez-le, étudiez-le, laissez-vous absorber, j'allais dire hypnotiser par lui; aimez-le passionnément, follement. Alors toutes voiles tendues au vent qui souffle du large, gagnez la haute mer. C'est le seul moyen de faire quelque chose et d'être quelqu'un. « Un homme est sans valeur s'il n'a pas en lui une haute dévotion à un idéal », écrivait le président Roosevelt, dans *la Vie Intense*.

Cette influence d'une idée sur une vie s'explique. L'objet de la volonté, c'est le bien, réel ou apparent. Pour que cette puissance puisse se porter vers son objet, il faut non seulement qu'il soit présent physiquement, mais il est nécessaire que je le connaisse. *Ce que je ne sais pas ne me fait pas mal au cœur*, dit un vieux proverbe allemand, traduisant sans érudition, mais avec beaucoup d'à propos, le classique *Ignoti nulla cupido*. On peut connaître une chose, dit saint Augustin, ne pas l'aimer et ne pas la faire, mais il n'est pas possible d'aimer et de faire ce qu'on ne connaît pas.

Comment ma volonté qui n'a point de relations directes avec les sens, connaîtra-t-elle son objet, en face duquel elle peut se trouver sans le savoir ?

Le seul flambeau qui éclaire les objets dans l'âme, c'est la pensée. La volonté dépend de la connaissance. Par elle nous savons clairement où nous devons aller et ce que nous avons à faire. C'est le phare qui nous montre le port où nous trouverons notre bien, et nous indique, par son lumineux sillage, la route à suivre.

Il faut montrer à la volonté ce qu'elle doit vouloir. Plus la lumière projetée par l'intelligence sera intense, plus l'objet apparaîtra avec toutes ses qualités et tous ses défauts, et plus aussi la volonté, par son mouvement instinctif d'attraction ou de répulsion qui l'incite à rechercher le bien et à fuir le mal, se portera vers lui ou s'en éloignera. Sans cette présentation lumineuse des objets, notre volonté est réduite à l'impuissance. Où aboutir en effet si nous n'avons pas de but ? Nous ne trouverons rien si nous ne cherchons rien. Semblables au navigateur imprudent qui prend la mer par une nuit sombre sans emporter ni carte ni boussole, et se trouve ainsi à la merci du vent et des courants contraires, nous marcherons dans les chemins de la vie sans savoir où nous allons, poussés par le caprice et entraînés par les influences les plus contradictoires.

D'où la nécessité d'avoir des idées claires et précises sur le but à atteindre et sur les moyens à prendre pour y parvenir, si nous voulons que notre volonté avec toutes ses énergies quasi infinies, s'y porte. Que ce but dans lequel nous voyons notre bien, notre perfectionnement, peut-être notre fin ultime, soit toujours là, présent devant nous et toujours nous le voudrons. Cela est tellement vrai que si l'objet contenu dans l'idée est le bien absolu et universel, ou du moins s'il nous apparaît comme tel, notre volonté se porte nécessairement vers lui ; car elle veut son bien, et ne demande qu'une chose dès qu'il apparaît : le posséder.

Il faudrait donner des exemples pour montrer la puissance d'une idée sur une vie. Je réserve à chacun de mes lecteurs le soin de faire cette constatation, non pas seulement dans la vie des héros et des saints, mais dans celle des personnes de son entourage, peut-être même, je le souhaite de grand cœur, dans sa propre histoire.

Avoir un idéal, c'est avoir une raison de vivre, a dit M. L. Bourgeois. C'est aussi *un moyen de vivre une vie plus pleine, plus haute*. Pourquoi tant de jeunes gens pataugent-ils dans tous les bourbiers de l'impureté ? C'est parce qu'ils n'ont aucun sentiment noble dans le cœur ; et leur cœur se plaît dans le bas et le vulgaire parce qu'ils n'ont aucune idée élevée dans la tête. Ils n'ont pas d'idéal.

Nos forces, ce n'est un mystère pour personne, sont très limitées. Toute la diplomatie de notre perfectionnement consiste à les détourner des occupations inférieures pour les diriger, après les avoir groupées, vers un but supérieur. Mais pour cela, il faut que ce but soit assez puissant, assez captivant pour attirer à lui toutes nos énergies. Il faut qu'il soit si exclusiviste qu'il absorbe continuellement toutes nos facultés, de sorte que nous n'ayons plus ni pensée, ni désir pour autre chose.

N'est-ce pas une excellente tactique pour lutter contre les mauvais instincts qui rugissent parfois si terriblement dans nos jeunes cœurs? Au lieu de nous épuiser et de passer les meilleurs instants de notre vie dans un combat douloureux contre nos passions déréglées, n'est-il pas plus simple et en même temps plus profitable de les laisser mourir d'inanition en leur coupant les vivres? Substituons aux passions inférieures les passions de l'ordre supérieur, qui ont une plus grande puissance d'accaparement. Enlevons le sceptre à la chair qui avilit pour le donner à l'esprit qui exalte et grandit. « L'ambition ardente, a écrit avec beaucoup de vérité Vauvenargues, exile les plaisirs dès la jeunesse pour gouverner seule. »

Un jeune homme à qui je demandais un jour comment dans le milieu où il vivait, et qui n'était certes pas le paradis terrestre, même en miniature, comment il avait pu se conserver chaste, me fit cette réponse : « Mais, mon père, je n'ai jamais eu le temps de m'occuper de ces choses-là. Du matin au soir, je suis tellement absorbé... et puis voyez-vous cela ne me dit rien. »

Cela ne lui disait rien! mais pourquoi? parce qu'il avait dans le cœur un autre attrait, un autre amour, plus fort, qui entraînait toute son activité intellectuelle et physique vers un but supérieur.

Je ne sais pas ce que ce jeune homme deviendra, mais certainement s'il est toujours occupé et aussi noblement occupé, la folle végétation des passions d'en bas qui germe si facilement dans notre chair déchue, ne trouvera pas un sol propice pour éclore, ou si dans un moment d'oubli, il lui laisse le champ libre, elle mourra bien vite, faute de suc et de sève.

Est-ce à dire que la poursuite ardente d'un idéal suffit à éteindre les passions mauvaises et à empêcher toute révolte ? Hélas non ! Quand on a vingt ans il faut s'attendre à bien des tempêtes. Dans ces moments de lutte terrible, l'idéal nous sera encore d'un puissant secours, il nous servira de dérivatif.

Pour vaincre nos bas instincts, il ne faut pas d'ordinaire les attaquer en face, car souvent nous obtiendrions un résultat contraire. Plus on leur résiste, plus ils s'irritent et se cabrent, et la lutte devient si ardente que nous nous laissons vaincre. Au lieu de parlementer, de discuter, résolument entraînons ailleurs toutes nos énergies en révolte, notre imagination, notre sensibilité, notre mémoire, arrachons-les à la tyrannie du plaisir pour les mettre sous le joug de l'idéal. C'est la meilleure des diversions.

Quel sera votre idéal ?
Quand on est jeune d'âge et surtout quand on a l'âme jeune, chevaleresque, vaillante, il faut rêver

cet idéal grand, sublime. Il faut se dégager, comme à grands coups d'ailes, des fanges d'ici-bas, pour s'élever bien haut dans l'azur bleu du ciel.

La jeunesse doit être ambitieuse, non pas de cette ambition fondée sur l'orgueil, et qui, pour arriver, sacrifie tout sans scrupule, foule aux pieds sa conscience et essaye de jeter à terre tous ses rivaux, afin de s'élever sur leurs ruines. Ne soyez pas de ces arrivistes à tout prix, qui dans leur infatuation se croient des aptitudes et des droits pour toutes les places et qui ne voient dans les situations que l'honneur sans prendre garde aux obligations et sans même se demander s'ils sont capables de les remplir. Soyez des travailleurs obstinés qui, par leurs efforts énergiques, veulent sortir de la banalité, s'élever au-dessus de la taille commune, et cela dans toutes les sphères.

Sans doute, il ne faut pas vous laisser prendre au mirage trompeur d'une ambition trop au-dessus de vos forces et de vos aptitudes ; mais avant de douter de vous-mêmes, faites au moins l'essai loyal de ce que vous pouvez accomplir. Ne répétez pas à tout venant, sur un ton de pleureur découragé : c'est inutile, je n'arriverai à rien. Parler ainsi, c'est de la lâcheté, de la veulerie.

Si ceux qui sont devenus de grands savants et de grands saints, et ont rendu, en même temps qu'ils augmentaient son patrimoine de gloire et de vertu, tant de services à l'humanité et à la société chrétienne, s'étaient fait le même raisonnement que vous, où en serions-nous du progrès ? Il faut parmi nous des jeunes cœurs dévorés d'ambition, des têtes que le coup de clairon de la gloire exalte et porte en avant; des jeunes gens qui ne restent pas froids et sans désirs à la pensée des baisers de la renommée. Au lieu de les blâmer, de leur susciter des obstacles, sous le faux prétexte d'une humilité qui n'est pas celle de l'Évangile, de les obliger à enfouir des talents que la Providence leur a donnés, notre devoir à nous qui sommes plus âgés, est de les admirer et tout en les ramenant dans les sentiers de la prudence, de les encourager. Il n'y a pas assez parmi nous de ces jeunes gens-là. Les aptitudes certes ne manquent pas, ce qui fait défaut ce sont les occasions de les manifester, — à nous de les faire naître !

Faites-vous un idéal, mais faites-le élevé, de façon que votre cœur épris de lui, ne se laisse plus séduire par le mirage trompeur de toutes les convoitises humaines. Qu'il soit supérieur à l'argent et alors la passion de devenir riche n'aura plus de place dans votre âme ; qu'il soit plus haut que les plaisirs vers lesquels la masse des hommes se rue, et alors malgré la tentation, votre cœur pourra se dilater en aspirant l'air pur des sommets et rien ne viendra vous détourner du but que vous aurez résolu d'atteindre.

En vous parlant d'idéal, mes yeux sont fixés, non pas sur un modèle terrestre, mais sur ce modèle que tous les vrais chrétiens doivent reproduire dans leur vie et devant lequel tous les autres ne sont que poussière, *Jésus-Christ*. Un idéal humain n'a de valeur qu'autant qu'il nous rapproche de ce modèle divin.

L'élévation, la générosité, la patience, admirable trilogie qui intègre toute grandeur véritable, où ont-elles brillé d'un plus vif éclat que dans la personne de notre Maître ? A côté de lui, que sont les héros de l'antiquité païenne ?

« Le Christ a été grand, s'écriait fièrement le P. Lacordaire. Il n'a pas été grand seulement parce qu'il était Dieu dans l'humanité : je voile le caractère de sa divinité, je ne considère, un moment, que l'homme lui-même, et je me demande s'il y a eu un homme sur la terre qui ait laissé des vestiges plus héroïques, plus grands, plus majestueux que celui-là. » « Générosité dans ses embrassements qui s'étendaient à tous, élévation dans son principe qui était la charité, dans son moyen qui était la même charité, patience au-dessus de tout et véritablement infinie : voilà ce qui a fait de Jésus-Christ le héros par excellence. » (1)

Le Christ, et par conséquent Dieu lui-même, voilà notre idéal. Cet idéal n'est pas abstrait, mais il est vivant, communicable. Depuis le jour ineffable où par l'Incarnation, le Fils de Dieu est devenu mon frère, j'ai droit, c'est saint Paul qui l'affirme, à l'héritage céleste. Dieu se donne à moi et en se

---

(1) *Discours sur la grandeur du Caractère.*

donnant, il me communique sa vie. La générosité, l'élévation, la patience, autant d'héritages promis à mon cœur, à mon intelligence, à ma volonté.

Fils de Dieu, je dois mesurer mes pensées sur les pensées divines ; dans toutes mes actions je ne dois pas avoir d'autre but que celui qu'il poursuit lui-même, sa gloire. Et, comme rien ne peut contrecarrer les décrets de sa sagesse éternelle, rien ne doit me faire dévier de cette ligne de conduite.

Frère du Christ, je serai généreux comme lui, je me sacrifierai pour la gloire de Dieu et le salut du prochain, et s'il le fallait, je supporterai tout, même la mort.

Enfant de l'Église, je l'imiterai dans sa fidélité au Christ. De même qu'elle n'a jamais cédé, jamais reculé, malgré les menaces et les persécutions, je resterai inébranlablement ferme dans mes convictions ; j'observerai sans lâcheté tous ses commandements.

Voilà notre idéal. En face d'une telle grandeur, nous sentons peut-être le découragement nous envahir. Comment, nous si faibles, pourrons-nous atteindre de telles hauteurs ?

Ce découragement serait légitime si nous avions comme but de réaliser pleinement cet idéal. Mais Dieu qui nous connaît, ne nous demande pas l'impossible. Ce qu'il exige de chacun de nous, c'est que nous fassions chaque jour des efforts pour nous en approcher davantage. Dans toutes nos actions, même les plus humbles nous ne devons pas avoir d'autre but.

**

Si vous voulez que cet idéal ait une influence réelle sur votre vie, *il faut avoir en lui une foi ardente et il faut l'aimer d'un amour enthousiaste.*

« On a souvent, dit M. Paul Bourget, décrit les origines de cette dispepsie morale dont souffre notre humanité : l'abus de l'analyse, le libertinage précoce, le surmenage intellectuel, l'instabilité politique. Mais après toutes ces causes secondes, il a bien fallu remonter à la cause première : l'absence de toute foi, l'incertitude.... En s'en allant, la foi a laissé dans ces sortes d'âmes une fissure par où s'écoulent tous nos plaisirs. » Et ailleurs, l'illustre académicien ajoute : « à une école pour nous bien lointaine, quoiqu'elle soit toute voisine, le monde apparaissait comme l'œuvre d'un père. Une âme, non pas semblable à la nôtre, mais la comprenant, faisait flotter son souffle à l'horizon de notre existence. C'est parce que ce souffle ne passe plus sur nos fronts que la fleur de notre pensée se fane mélancoliquement dans la vitalité de sa grâce et de sa force. »

Comment voulez-vous faire quelque chose si vous n'avez pas foi dans votre art, dans votre science, dans votre doctrine ? « Pourquoi m'enflammerais-je pour l'idéal, s'il n'est qu'une création éphémère de mon cerveau ? Pourquoi déploierais-je toutes les grandes ailes de ma pensée, si vous m'emprisonnez dans ce monde fini, et si une science exclusive, voilant devant moi toutes les perspectives de mes horizons, me refoule dans le cercle borné de ses expériences ? Si je ne suis qu'un être d'un jour, vaut-il la peine que je me laisse aller à rêver d'infini ? Non, non, si je viens de la terre, je n'ai qu'à m'y traîner, à y languir, à y ramper ; et, si les cieux sont vides, je serais bien naïf d'en célébrer la gloire. Cet azur attrayant est un piège ; il me semble transparent, et il n'est qu'un voile lugubre sous les plis duquel je n'ai qu'à vivre un instant et à mourir sans espoir ».

De même, « pour me rendre meilleur, il faut que je croie au bien, à l'obligation qui m'enchaîne à lui, il faut que je croie à ma liberté, à ma responsabilité, car, si je ne suis pas libre et responsable, je ne puis disposer de moi, me conduire au bien, m'éloigner du mal. Il faut que je croie non seulement à l'utile dont je ne puis me priver sans souffrance, à l'agréable dont je ne puis me priver sans sacrifice, au nécessaire dont je ne saurais me priver sans péril, mais il faut que je croie à l'honnête, dont je ne puis m'affranchir sans lâcheté et sans honte. Il faut que je croie que les héros du devoir ne sont pas des naïfs, ni le devoir une illusion ; et si je m'en vais de ce monde, égorgé par un sicaire, écrasé par un tyran, il faut que je m'en aille, le cœur épanoui, l'âme sereine, convaincu que devant une loi incorruptible et vengeresse passeront tous ceux qui ont vécu, ceux qui ont souffert et ceux qui ont fait souffrir, les bourreaux et les victimes. Il faut que je croie à l'éternelle balance qui pèsera dans la justice les âmes vivantes, leurs vertus, leurs sacrifices et leur martyre.

Si le scepticisme renverse ces croyances, comment voulez-vous que la vie morale subsiste ? s'il les ruine sans merci, est-il possible que l'homme de bien, *le vir*, l'homme de lutte contre lui-même, de dévoûment à outrance, l'homme qui ne calcule pas avant tout ses intérêts et ses plaisirs, mais qui place toujours en première ligne l'honnêteté, la justice, l'abnégation, l'homme qui a la vertu gravée dans sa chair palpitante, est-il possible que cet homme vive ? Non, tous ceux qui sont en rupture de ban avec la vertu ont leurs convictions démantelées, et tous ceux qui font le bien regardent du côté de Dieu et de l'éternité. Le dernier mot de la vertu est au-delà de la tombe » (1).

Ne vous laissez donc pas prendre aux séductions d'un scepticisme désenchanté, mis à la mode par quelques grands esprits et si facilement accepté par beaucoup de petits, qui dès qu'il s'agit d'idéal dépassant la sphère de leurs mesquins intérêts, ont sur les lèvres les mots de chimère et d'utopie. Ayez foi en lui, mais que cette foi soit profondément chevillée en votre âme. N'est-ce pas ce

---

(1) P. Didon. — *La Science sans Dieu.*

qu'a si gracieusement chanté un de nos poètes (1) :

> Si vous voulez chanter, il faut croire d'abord :
> Croire au Dieu qui créa le monde et l'harmonie,
> Qui d'un de ses rayons allume le génie,
> Et se révèle à lui dans le plus humble accord :
> Si vous voulez chanter, il faut croire d'abord.
>
> Si vous voulez combattre, il faut croire d'abord :
> Il faut que le lutteur affirme la justice ;
> Il faut pour le devoir qu'il s'offre en sacrifice,
> Et qu'il soit le plus pur s'il n'est pas le plus fort :
> Si vous voulez combattre, il faut croire d'abord.

Il faut de plus aimer cet idéal, c'est-à-dire se donner à lui tout entier et pour lui être prêt à tous les sacrifices. Il est difficile de devenir cet homme idéalement entrevu que vous voulez être, soit à cause des efforts que vous devrez faire, soit à cause du temps que vous devrez y consacrer et des ennemis que vous aurez à renverser. C'est pénible, mais vous pouvez mener ce travail à bonne fin.

Dans votre cœur où se combattent tant de désirs contraires, tant d'affections opposées, et où il y a parfois tant de misères, il y a une chose qui rachète tout et permet de tout entreprendre, c'est ce que H. Spencer appelait *le grand moteur, le moteur indispensable, l'enthousiasme* (2). Cette flamme qui s'allume vite quand on a une idée fixe dans l'esprit,

---

(1) Eugène MANUEL. — *l'Italique*.
(2) H. SPENCER. — *Éducation morale*, 172.

qui nous transforme, qui nous brûle au cœur et qui « attache à nos épaules des ailes blanches avec lesquelles on vole comme la colombe, bien au-dessus du sol, vers les horizons célestes ».

Ayez de l'enthousiasme pour votre idéal. Vous en avez besoin, nous en avons tous grand besoin en ce temps où l'on ne rencontre partout que des blasés, des découragés, et où l'envahissante torpeur de l'égoïsme et du laisser-faire nous engourdit si facilement.

Restez jeunes d'âme. « Par la vigueur et la sincérité de l'intelligence, par l'énergie de l'initiative, la fermeté persévérante du vouloir, la droiture et l'élévation du caractère, vous devez être des hommes vraiment hommes. Mais sachez aussi conserver la vaillance et la confiance, la spontanéité et l'affectuosité du cœur « ce quelque chose de léger, de gai et d'ailé » qui fait tout à la fois la force et la grâce de la jeunesse.

Restez jeunes, restez enfants même, par la sincérité candide de l'affection, par l'abandon radieux de la tendresse. Conservez intacte en vous la puissance d'aimer, demeurez capables de confiantes sympathies, de vigoureuses admirations, d'indignations courageuses aussi; ne laissez pas s'éteindre en vous le feu sacré »(1).

Restez jeunes de cette divine jeunesse qui met

---
(1) P. MALAPERT. — *Aux Jeunes Gens*; — *La Conception de la Vie*

au front un trait de ressemblance avec l'éternelle Trinité. Préservez votre âme de tout ce qui peut la ternir et la glacer. Gardez, dans la fraîcheur embaumée de vos sentiments, oh gardez! je vous en conjure, la foi invincible à l'idéal une fois entrevu. Mettez, sans avoir jamais peur d'être dupes de votre générosité, sans avoir peur d'être entraînés trop loin dans la voie du dévoûment et de l'abnégation, mettez toute votre énergie, toute votre fougueuse et juvénile ardeur au service du rêve de beauté et d'amour qui manque rarement d'éclore dans une âme de vingt ans, surtout quand cette âme a conservé la virginité de sa foi au Christ. *Sursum Corda!* En haut les cœurs! toujours! Et qu'un jour, on puisse graver sur votre tombe, comme sur celle de Pasteur:

> Heureux qui porte en soi
> Un Dieu, un idéal de Beauté
> Et qui lui obéit :
> Idéal de l'Art, Idéal de la Science,
> Idéal de la Patrie,
> Idéal des vertus de l'Évangile (1).

---

(1) Ouvrages à lire : *La science sans Dieu*, par le P. DIDON (Plon. Paris); — *Le gouvernement de soi-même*, par A. EYMIEU (Perrin. Paris). — A consulter : *Psychologie des sentiments*, par Th. RIBOT (Alcan. Paris) — *La Métaphysique des causes*, par le R. P. de Régnon, S. J.; — *La certitude morale*, par OLLE-LAPRUNE (Belin. Paris); — *Mélanges philosophiques*, par M. D'HULST (Poussielgue. Paris).

XVII

La Conscience.

XVII

La Conscience.

Pour être des hommes et des chrétiens suffit-il d'avoir des principes, un idéal ? Non. Ce qu'il faut, c'est vivre, c'est réaliser ces principes jusque dans les moindres détails de notre existence. Et combien c'est difficile; j'allais dire impossible, si le mot impossible se trouvait dans le dictionnaire d'un français et d'un chrétien. Napoléon Ier a dit qu'il ne se trouvait que dans celui des imbéciles.

Nos journées se passent à outrager nos principes, à trahir par nos actes nos convictions les plus saintes. A mesure que nous sentons peser plus lourdement sur nos faibles épaules le poids de la déchéance originelle, nous constatons la terrifiante vérité de ces paroles de l'apôtre saint Paul : « Je ne fais pas le bien que j'aime et j'accomplis le mal que je haïs. »

Pourquoi ces principes de vie droite et honnête, déposés par Dieu en notre raison, au moment même de notre venue en ce monde, ces principes de vie divine reçus au jour de notre naissance à la vie surnaturelle par le baptême et qui sous la chaude et bienfaisante influence d'une éducation pétrie de christianisme se sont développés, pourquoi ne suffisent-ils pas à notre volonté ? C'est que, étant donné l'état actuel de cette faculté, ces principes sont trop généraux. Ils nous indiquent bien ce que nous devons faire, mais d'une façon si indéterminée que, notre légèreté aidant, ils ne nous touchent guère. Notre volonté a besoin qu'on lui dise par le menu détail ce qu'elle a à faire et la manière dont elle doit l'accomplir. A cette pauvre faculté, grande encore malgré sa déchéance relative, il faut un guide qui la conduise par la main et lui montre, le moment venu, la ligne de conduite à suivre. Sans cela, abandonnés à toutes nos fantaisies, à tous nos rêves, nous ressemblons à ce frêle esquif sans pilote qui flotte sur l'océan, au gré des houles et des brises, heurté à tous les écueils qu'il rencontre et qui finit par se briser.

Dans son infinie bonté, Dieu nous a donné ce guide, *c'est la conscience.* La conscience n'est pas autre chose que notre raison elle-même, appliquant, en vertu d'une disposition naturelle, les principes spéculatifs et pratiques aux actes qui se sont produits déjà ou qui se présentent à nous. Saint Thomas d'Aquin la définit : *l'application de notre science à nos actes particuliers.*

Quelle est l'action de la conscience sur notre volonté?
Le Père Gratry, dans une belle définition de la

conscience, nous l'indique (1). « La conscience, cette force qui, au fond de notre âme, nous commande le bien, et nous pousse, par un irrésistible élan, vers la justice et la vérité, cette force clairvoyante qui brise et réprime notre cœur, cette force chaste et pure qui nous retient en face du mal, nous entrave et nous arrête sous l'essor même des plus puissantes passions, cette force irritée qui se lève et ne veut plus se taire, quand le mal est commis, qui vibre et crie sous l'effort même tenté pour l'étouffer, cette force, c'est la voix de Dieu qui nous pose ainsi à tout instant la question de la morale et son épreuve. »

Tout d'abord, *c'est la conscience qui commande à la volonté* ce qu'elle doit faire, à tel moment précis ; c'est elle qui distingue dans les choses et dans les faits ce qui est bon ; c'est elle qui nous oblige à accomplir une bonne action et à en éviter une mauvaise, qui nous montre la route à suivre quand nous avons une résolution à prendre, une vocation à décider et nous dit : fais ceci, va là. (2)

Elle est en nous, suivant la pensée de saint Thomas, comme le prince, auquel Dieu a donné son pouvoir sur nous-mêmes, prince que personne ne peut déposséder et par lequel il faut passer si l'on veut nous obliger à un acte de l'âme. La conscience,

---

(1) P. GRATRY. — *L'Âme*, 2ᵉ volume.
(2) Saint Thomas. Iᵃ, quæst. 79, art. 13.

c'est la loi au-dessus des lois, loi qui doit être respectée et obéie, toujours et partout. S'il y a un conflit entre cette loi intérieure et personnelle et une loi extérieure, c'est, quels que soient les risques à courir en lui restant fidèle, c'est la conscience qui doit avoir le dernier mot ; c'est à elle qu'il faut s'attacher.

Son commandement est si absolu que quoique nous fassions pour le nier ou en affaiblir la force, nous ne pouvons nous y soustraire. Dès que notre volonté n'est pas conforme à notre conscience et lui résiste, elle pèche et devient mauvaise. (1)

D'où vient cette autorité de la conscience ? Il est évident que ce n'est pas de nous-mêmes, car alors, nous pourrions régler notre conduite comme nous l'entendrions et nous ne nous en ferions pas faute. Nous sentons que nous sommes impuisssants contre elle, même quand elle prescrit des choses auxquelles nous n'avions jamais pensé et qui souvent vont à l'encontre des préjugés de notre première éducation ou du milieu dans lequel nous vivons.

Son pouvoir lui vient de Dieu. Elle est, dit avec justesse le peuple, *la voix de Dieu* qui parle en nous. Voix de Dieu Créateur, par ses immortels et immuables principes ; voix de Dieu Rédempteur, par son Évangile, qui, suivant cette belle parole du P. Lacordaire, est le cri de la conscience de

---

(1) S. PAUL, Rom. XIV, 23. — S. THOMAS, I*, II*, quæst. XIX, art. 3.

Dieu dans la conscience de l'homme. C'est Dieu qui parle par notre raison.

Obéir à sa raison, suivre sa conscience, c'est donc se soumettre à Dieu lui-même ; c'est par conséquent livrer les rênes de sa vie à la plus haute autorité qui soit, c'est ramener notre être à son véritable principe, c'est agir véritablement en homme.

Et, soit dit en passant, cette doctrine qui veut que nous soyons éclairés et guidés par la plus haute faculté de notre être, en même temps qu'elle rend un juste hommage à la dignité de l'homme, laisse bien loin derrière elle, ces théories sorties de cerveaux malades, qui prétendent que nous sommes conduits par la sensibilité, le sentiment ou l'imagination. A tous ces rêveurs, elle semble répondre : êtes-vous hommes parce que vous avez des sens, une chair qui vous entraîne en bas, ou bien parce que vous avez une intelligence qui vous pousse en haut et met sur votre front un reflet de la divinité ? Comme l'homme n'est ni une plante, ni une brute, ni un fou, il ne peut obéir à ces facultés qui lui sont communes avec ces êtres inférieurs, mais il doit obéir à cette faculté qui le fait homme, la seule d'ailleurs qui lui permette de connaître le vrai but de la vie : la raison.

La conscience commande, mais là ne s'arrête pas son rôle. Notre volonté pouvant mépriser ses ordres, les défigurer, les travestir, il fallait donc que ce guide que Dieu nous a donné pour réaliser l'idéal de notre vie morale eût une autre mission, qu'il put constater comment on lui obéissait, afin de pouvoir porter secours encore à notre volonté, par ses reproches ou ses encouragements. *La conscience est le grand témoin de notre vie.*

Rien n'échappe à sa vigilance. Elle voit tout jusqu'aux moindres vouloirs et aux plus secrets désirs qui s'ébauchent dans ce sanctuaire de l'âme, fermé à tout autre regard créé. Incorruptible amante de la vérité, elle n'accepte ni les mensonges, ni les excuses; avec elle pas de subterfuge possible. Elle a vu, et son témoignage, elle le maintiendra toujours. Si nous avons mal agi, alors même que le monde nous couvrirait de fleurs et d'éloges, elle, sans s'occuper des appréciations humaines nous reprochera toujours notre faute. Si, au contraire, nous avons conformé notre conduite aux principes du devoir, quand même tous nos semblables nous accuseraient, nous maudiraient, elle fera entendre sa voix pour nous défendre et nous justifier. Car ce témoin ne se contente pas de nous regarder, *il nous juge.*

Il voit toutes nos démarches, toutes nos actions jusque dans les intentions qui les ont inspirées, et, à la lumière des principes, il en démêle l'honnêteté, la générosité ou la malice. Ses jugements, lorsque la raison est droite, saine et éclairée, sont sans appel. Au jour des suprêmes révélations,

Dieu ne fera que sanctionner solennellement les arrêts de notre conscience, qui, selon saint Augustin, est ici-bas et dans l'Éternité le tribunal de Dieu même.

Dès cette vie les effets des jugements de la conscience se font sentir. En flétrissant ceux qui lui sont rebelles et en louant ceux qui lui sont fidèles, elle apporte les tourments du plus cuisant des remords ou les douceurs d'une félicité sans pareille.

Tous, un jour ou l'autre, nous avons connu les chastes enivrements que fait naître au plus intime de notre cœur la voix secrète de la conscience, nous acclamant après une bonne action. Que nous importait alors le mépris ou l'indifférence des hommes! « Voyez ces âmes héroïques : elles se sont prises à deux mains, elles ont lutté, pleuré, souffert pour la justice ; et les hommes, qui ne s'en doutaient pas, les ont dédaignées, ajoutant quelquefois au dédain, l'injure et les persécutions. Mais quand tous le trahiraient, quand, rejeté par les siens, le juste délaissé devrait fuir, demander un refuge à l'exil; quand l'exil lui-même le repousserait comme sa patrie ; quand la tombe elle-même se refuserait à mettre un terme à son martyre, est-ce que dans cette universelle trahison il ne resterait plus rien au juste désolé? Ne le croyez pas; il y a une chose qui se perd moins que l'honneur et qui ne se fait pas la servile complice des trahisons : c'est la conscience honnête. Toujours calme et invincible, tandis que tous se tairont, elle demeurera l'éloquent témoin dont la voix vaut mieux que l'acclamation des foules. Tandis que les bourreaux forgeront les chaînes du martyr, elle lui tressera des couronnes ; tandis qu'on le traînera aux gémonies, elle l'élèvera sur un piédestal ; tandis qu'on allumera la flamme du bûcher, elle attisera le feu qui brûle sur son autel sacré, et il en jaillira des auréoles pour ceindre le front du juste méconnu et supplicié. » (1)

Mais, si notre volonté a été lâche, la conscience, implacable vengeresse de tous les crimes, se lève, et, bourreau terrible elle nous torture et nous martyrise sans relâche. Qui d'entre nous, aux heures tristes et sombres, où sous l'effort de la passion notre vertu sombrait, n'a pas ressenti le glaive froid et tranchant du remords nous percer lentement, férocement le cœur, lui faisant endurer des douleurs d'agonie ? Qu'il est terrible ce remords « vision et parole de Dieu après le crime, » et il est inévitable. « Il y a d'ordinaire dans le péché un moment de triomphe, un moment où le pécheur va s'endormir dans son ivresse ; mais Dieu, qui tient l'horloge de notre destinée, a compté cette heure comme toutes les autres ; il sait qu'elle est courte, et que contre

---

(1) P. DIDON. — *L'Âme et l'Infini ;* — Troisième Conférence, *La Liberté morale de l'Âme.*

cet instant il a l'éternité. Il laisse passer l'heure délirante, puis : Me voici ! Il paraît, il parle ; c'est le remords ; et aucune puissance ne peut lui échapper. Le remords est inéluctable, le remords est incorruptible ; on ne l'achète pas avec l'or ; on ne le réduit pas par le faste de l'orgueil et de la vie. On peut, ayant péché, porter encore le front haut et jouir de l'encens des hommes ; mais le plus pur encens, celui de la conscience ne fume plus pour nous » (1).

Cette voix de la conscience, jeunes gens, vous ne la ferez pas taire, quoi que vous fassiez. Essayez de chloroformer cette divine patiente, comme beaucoup le font aujourd'hui, en lui servant le mensonge à petite dose, afin de profiter de son sommeil. Cette fille de Dieu en nous a la vie dure et vous ne la tuerez pas. Essayez de la faire la complice de vos iniquités en l'amenant à mentir. La chose peut vous paraître facile, tant de docteurs sont prêts pour cette répugnante besogne, tant de livres affirment la légitimité des passions. Pour un temps vous pouvez la tromper, mais prenez garde, un jour la vraie lumière viendra frapper ses yeux, son réveil sera terrible et sa colère épouvantable. Vous verrez ce qu'elle pensera alors de ce que vous appelez les douces folies de la jeunesse !

Au palais de David, Bethsabée, la femme d'Urie,

---

(1) P. LACORDAIRE. — *Conférences de Toulouse*, troisième Conférence.

avait paru. Urie était mort. Personne ne s'y trompait. On s'était raconté tout bas, d'abord le crime, puis l'odieux assassinat qui devrait le couvrir.

Autour de David, la foule des courtisans faisait silence, et trompé par la comédie de ces ignorances feintes, le roi dormait en paix.

Va donc, dit le Seigneur à Nathan, et puisque les autres se taisent, parle, toi !

Le prophète se leva, partit et se présenta à la résidence royale.

O roi, dit-il à David, deux hommes vivaient dans la même ville, l'un riche, le second pauvre. Le riche avait des brebis en masse. Le pauvre n'en avait qu'une, une petite, qu'il avait nourrie, qui avait grandi avec ses enfants, mangeant son pain, buvant dans sa coupe, couchant entre ses bras : elle était comme sa fille. Un étranger vint voir le riche, et celui-ci pour lui faire fête, ne toucha point à ses troupeaux, mais il vola la petite brebis du pauvre, la tua et en servit la chair à son hôte!...

Vive Dieu! s'écria David, cet homme-là est le fils de la mort!

Cet homme là, c'est vous! lui dit Nathan, et relevant son manteau, il s'en retourna à sa demeure. (1)

Ainsi fait Dieu pour nous. Nathan c'est le remords. Dans l'obscurité des nuits comme sous les rayons du clair soleil de midi; dans nos plus absorbantes occu-

---

(1) II. Reg. xii. 1-3.

pations comme au milieu de nos rêves, il se dresse devant nous, nous reprochant nos défaillances et nos lâchetés. Nous ne parviendrons pas à l'éviter. Il faut entendre sa voix qui nous crie : Cet homme là, c'est vous!

Obéissons toujours à notre conscience, à « cet instinct divin, à cette céleste voix » (1) qui chante en nous la loi de Dieu. Soyons des hommes sincères et loyaux, accordant nos paroles avec nos idées et nos actes avec nos paroles. N'ayons pas d'autre maître, d'autre stimulant, d'autre juge qu'elle.

*
* *

Etant donnés les rapports de la conscience et de la volonté, il est d'une souveraine importance, dans l'œuvre de l'éducation morale de la jeunesse, de cultiver cette puissance directrice de la vie, sans laquelle la volonté irait à la dérive, loin des droits sentiers du bien. Elle est en germe en chacune de nos âmes. Il nous appartient de la développer. Dieu nous a confié ce labeur et cette gloire.

Pour former notre conscience, *il faut, en tout premier lieu, l'instruire*, afin que, éclairée par les principes, par les préceptes ou les conseils qui doivent diriger nos actes si nous voulons aboutir au bien ou à la perfection, elle puisse, tenant compte

---

(1) J.-J ROUSSEAU. — *Émile*, livre IX.

des circonstances de temps, de lieux, de personnes, observer la hiérarchie des lois et des intérêts.

Si notre *conscience est juste*, c'est-à-dire, conforme en tout à la règle divine, elle ne pactisera pas avec le relâchement et les prétextes, elle répugnera à l'étroitesse qui attache plus de prix à l'extérieur qu'à l'intérieur et met sur le même pied les petites choses et les grandes, elle sera l'ennemi du pharisaïsme qui abandonne les préceptes substantiels pour ne songer qu'aux prescriptions matérielles et ne tolère pas la moindre infraction à une loi cultuelle pour se permettre des outrages graves à la plus délicate des vertus ou à la charité.

Notre conscience doit avoir une autre qualité, *la certitude*. En effet elle doit juger, sans crainte de se tromper, qu'un acte est permis ou défendu, car nous n'avons jamais le droit d'agir avec une conscience douteuse. Agir ainsi serait s'exposer au mal, et s'exposer à mal faire, c'est déjà une faute. Si par nous-mêmes, malgré nos recherches, nous ne pouvons arriver à une certitude directe, notre devoir est d'interroger des hommes compétents, de consulter notre directeur et leur solution deviendra la règle de notre conduite. Si pressés d'agir nous ne pouvons pas avoir recours à leur science, il faut, car on ne saurait se condamner à l'inaction chaque fois qu'on ne voit pas clairement son devoir, il faut trouver une **vérité reflexe** qui nous tire d'embarras. La certitude morale, qui suffit dans la conduite ordinaire de la vie, à motiver les décisions d'un homme prudent et soucieux de ses intérêts est suffisante pour agir.

Je ne puis expliquer, ce qui m'entraînerait beaucoup trop loin, les axiomes pratiques qui permettent de résoudre rapidement les cas embarrassants sur lesquels chaque jour notre conscience doit se prononcer. Mes lecteurs pourront avoir recours à des traités de morale ou à la science de leurs directeurs.

Instruire notre conscience ne suffit pas. *Il faut lui apprendre à régner sur notre vie.* Comment? En éveillant et en excitant en elle l'idée souveraine du devoir.

Tout homme, au début de la vie, commence par être une petite individualité très égoïste et très sensuelle, n'obéissant qu'à ses intérêts et à ses plaisirs. A cet âge on le mène par la crainte, le châtiment ou l'appât de la récompense. Peu à peu, à mesure que la raison secoue les langes où elle elle était ensevelie, l'idée du devoir apparaît, éblouissante aurore, transformant toute la vie. Désormais c'est le devoir qui commandera, le devoir, c'est-à-dire cette idée de la perfection dont sa nature est susceptible, idée qu'il a entrevue et qu'il est obligé de réaliser dans la mesure où il le peut.

Jouffroy, qui a si bien vu toute la portée du problème des destinées humaines, a très solidement rattaché la morale à la fin même de l'homme.

« L'idée par laquelle je traduis l'idée de bien, c'est celle de fin. Je dis qu'il est évident pour tout homme, d'abord qu'il a une fin, ensuite que cette fin est son bien. Je vous le demande, Messieurs, est-il ou n'est-il pas vrai, sentez-vous qu'il y ait ou non équation absolue entre ces deux choses : la fin d'un être ou son véritable bien ? N'est-ce pas une chose évidente que tout être a une fin ? Quelle est cette fin ? C'est son bien véritable, c'est là en quoi consiste pour tout être intelligent et libre son véritable bien et *par conséquent notre devoir*. Quicc' que va de toute sa force à la fin pour laquelle il a été créé, fait ce qu'il doit faire. » (1)

Notre devoir comme notre fin s'impose donc à nous absolument et universellement, aussi n'admet-il pas de demi-mesures, ni d'accommodements. Il n'y a pas moyen de s'y soustraire, nous devons en tout y conformer notre vie.

Devant le devoir tout doit céder. Dussions-nous compromettre notre santé, la sécurité de notre famille, notre honneur même, quand le devoir s'impose à nous, il faut s'incliner. Le langage du devoir est austère; il n'y a que les âmes vaillantes qui le comprennent pleinement.

Ecoutez cette voix qui parle en vous, haut et clair, elle vous mènera à votre but. Quand on marche dans les sentiers escarpés du devoir on va

---

(1) *Cours de droit naturel*, Tome ii, dernière leçon.

à la rencontre de la lumière. Avez-vous vu Dante s'en allant conduit par Béatrix, dans la région de splendeur? Voyez-vous les flots de lumière qui tombent sur le front du poète et sur celui de son mystérieux ange gardien? C'est l'âme du devoir marchant tranquille et fière à la rencontre de Dieu qui l'appelle. Car, en dernière analyse, le devoir, c'est Dieu dans ses volontés, dans ses préceptes, c'est Dieu parlant à des êtres et à des consciences libres.

Ce chemin du devoir, c'est *le chemin douloureux du Calvaire.* Pour en gravir les pentes abruptes et rocailleuses à la suite de Celui qui, le premier les a parcourues, portant sa croix, il faut peiner, se meurtrir les genoux, verser ses sueurs et un peu de son sang. Mais qu'importe les souffrances à l'âme qui a compris sa tâche? Elle sait qu'elle va à la lumière, à la perfection, à Dieu et par conséquent au plein épanouissement de tout son être dans la beauté! Pour atteindre ce but elle est prête à affronter toutes les douleurs, tous les sacrifices, la mort même. Et à ceux qui sont tentés de la plaindre, elle répète les nobles paroles qu'adressait au connétable de Bourbon, Bayard mourant : « Je ne suis point à plaindre, Monseigneur, je meurs en faisant mon devoir. C'est de vous qu'il faut avoir pitié, vous qui portez les armes contre votre prince, votre patrie et vos serments. »

Nous donc qui voulons être des hommes vraiment

vivants, des êtres libres qui ne se laissent pas embrigader, travaillons à former notre conscience et apprenons à ne relever, après Dieu, que d'elle Éveillons en nous la sublime idée du devoir, livrons-lui notre âme tout entière, c'est là le secret dernier de toute grandeur morale véritable. (1)

---

(1) A lire. — Dans BOSSUET : *Élévations sur les mystères*, XIIIe sem. 7e élévation ; — *Méditations sur l'Évangile*, la Cène, 2e partie. — Mgr D'HULST : *Conférences de Notre-Dame*, année 1891 (Poussielgue. Paris). — GIRODON : *Exposé de la Doctrine Catholique* (Plon, Paris). — BRUNETIÈRE : *Une apologie de la casuistique*, dans Revue des Deux Mondes, 1er janvier 1885.

XVIII

Le Compagnon de notre route.

XVIII

Le Compagnon de notre route.

C'était au soir d'une calme journée de Nisan. Le soleil dorait de ses derniers feux la crête des montagnes. L'air était plein de souffles embaumés et de brises caressantes. Deux hommes sortaient de Jérusalem par la porte de Gennath. Leurs visages encore jeunes portaient les traces d'une douleur profonde. Ils marchaient sur la voie romaine qui monte le long de la colline.

Le souvenir de la grande catastrophe du Vendredi Saint obsédait leurs âmes. Ils parlaient, nous dit l'Évangile, des événements dont ils avaient été les témoins.

Tout à coup un inconnu les rejoignit. Sa physionomie était grave et douce.

De quoi vous entretenez-vous donc ainsi et pourquoi êtes-vous tristes? leur dit-il.

Ils ne le connaissaient pas, et cependant, ils s'approchèrent de lui et lui racontèrent les angoisses de leurs cœurs.

Êtes-vous donc si complètement étranger à Jérusalem, répondit Cléophas, l'un d'eux, *que vous ne sachiez point ce qui s'est passé ces jours-ci ?*

Quoi donc ? demanda l'inconnu.

« Mais à propos de Jésus de Nazareth, un prophète puissant en œuvres et en paroles, devant Dieu et devant les hommes. Nos chefs l'ont livré pour être condamné à mort, et ils l'ont attaché à une croix. Nous attendions de Lui la délivrance d'Israël, et voilà trois jours que tout cela s'est passé. Sans doute, ce matin même, des femmes nous ont raconté des choses étranges. Son tombeau était vide, et elles affirmaient l'avoir vu... mais, des femmes !... C'est fini. Il n'y a plus rien à attendre. Le maître que nous aimions tant est bien mort... »

La mélancolie de ces paroles traduisait bien leurs sentiments. Leur dernière espérance, celle de la résurrection, était évanouie.

O insensés, reprit l'étranger après un instant de silence, *cœurs sans pénétration et sans ressort !* C'est donc ainsi que vous comprenez ce que les prophètes ont dit de votre Christ ? Ne fallait-il pas qu'il souffrît ces choses et entrât ainsi dans sa gloire !

Alors lentement, comme pour charmer la longueur du chemin, il reprit un à un tous les prophètes qui ont prédit le Messie, et il leur montrait la réalisation de tous ces oracles divins dans les événements dont Jérusalem venait d'être le théâtre.

L'inconnu parlait de choses animées. Il compatissait à la douleur des deux voyageurs. Ce n'était plus un étranger, c'était maintenant un ami.

On arriva à Emmaüs. La petite ville, avec ses palmiers verdoyants, ses maisons blanches apparaissait comme un frais oasis au milieu du désert.

Déjà l'ombre s'étendait sur le large horizon. Les disciples voulant encore prolonger cet entretien, pressèrent leur compagnon de route de s'arrêter.

Restez avec nous, lui dirent-ils. *Voici que le soleil baisse.* Où iriez-vous pour trouver quelqu'un qui vous accueillît mieux, à qui vos paroles fissent plus de plaisir et en qui votre âme pût mieux s'épancher ?

Après une tentative de refus, car il désirait demeurer avec eux, il se laissa persuader et accepta leur hospitalité.

Alors se passa une scène merveilleuse de bonté et d'amour. L'hôte à peine assis à table, prit entre ses mains un morceau de pain. Puis levant les yeux au ciel, le visage radieux et comme tout illuminé des splendeurs du Thabor, il dit en rompant le pain : *Prenez et mangez.*

C'était le Seigneur.

A ce moment leurs yeux s'ouvrirent et ils le reconnurent, mais il avait déjà disparu.

Aussitôt les deux disciples reprirent la route de Jérusalem, afin d'aller annoncer aux apôtres la bonne nouvelle. Leur joie était débordante.

La nuit était venue, pleine de sérénité douce et de paix heureuse. Une à une les étoiles s'allumaient dans les profondeurs des cieux.

Luc et Cléophas marchaient d'un pas rapide.

N'est-il pas vrai, se disaient-ils, que notre cœur brûlait dans notre poitrine, pendant que sur cette route, il nous parlait et nous donnait le sens des Écritures.

Bientôt dans le lointain, la Ville sainte apparut toute blanche sous les premières clartés de la lune de Pâques.

J'ai voulu en terminant ces études sur la formation morale de la jeunesse, reproduire cette admirable page de l'Évangile, qui semble être arrachée au livre de notre propre vie. Cette scène du soir de la Résurrection nous la revivons souvent.

Tout est bien quand le Maître est là près de nous. Nous sommes alors dans la pleine lumière. Mais il est des heures où le Christ semble disparaître. Rapidement le jour baisse. Une tristesse mortelle nous envahit.

Ce sont les heures où la passion tenaille notre pauvre âme. La tentation enveloppe notre volonté tout entière. La loi divine se voile d'ombre comme un ciel orageux se couvre de nuages. Nos yeux aveuglés ne voient plus le Christ. Nous allons tâtonnants, cherchant après lui et ne le trouvant pas.

Dans ces moments de crise, où en nous tout semble sombrer, ne sommes-nous pas tentés de redire ces paroles des disciples d'Emmaüs : « Il nous avait cependant bien promis de ne pas nous abandonner. »

D'autres fois, la nuit tombe, lourde et noire. A l'heure mauvaise que nous traversons, ne sommes nous pas déconcertés par les abaissements du Christ et les souffrances de son Église ? Le monde entier semble s'être soulevé contre eux. Il a juré de les anéantir, et il y travaille avec une rage que l'enfer seul peut inspirer. « Nous espérions nous aussi la restauration d'Israël, et voici que le ciel, au lieu de s'éclaircir, s'est chargé de nuages plus épais, et, au lieu que l'Église monte à son trône, voici qu'on la tient captive. C'est un tombeau que l'on ferme sur elle, et on entend qu'elle n'en sorte plus. Le Christ roi s'est éclipsé ».

A la vue de l'impiété triomphante, au milieu du bruit des persécutions, il vient un moment où notre sécurité habituelle se trouble et fléchit. C'est l'obscurité, le désarroi. Où donc est notre Dieu ? Pourquoi laisse-t-il le méchant triompher bruyamment et entonner son chant de victoire fièrement campé sur les ruines de ce que nous avons de plus sacré?

A ces heures-là, crions comme les disciples : *Restez avec nous, car le jour baisse!* Et le Christ qui est là aux aguets, épiant ce mouvement de notre cœur, attendant ce cri d'appel de notre âme en détresse, restera. Il nous parlera, et sa voix plus douce et plus caressante que la brise du soir se fera entendre dans l'intime de notre âme.

A notre intelligence troublée, il apportera la lumière. Il nous montrera la mystérieuse Providence de Dieu, faisant servir à ses desseins, les plus noirs projets des méchants. Il nous mettra au cœur une indomptable espérance. Plus rien désormais ne nous étonnera, ni les victoires de l'impiété, ni ses objections retentissantes, ni l'inutilité apparente de nos efforts pour le bien. Dieu est avec nous; que pourrions-nous craindre? Comme Lui, nous sommes sûrs de son éternité; comme lui aussi, nous saurons attendre. L'aube glorieuse de ce jour béni qui verra le triomphe éclatant du Christ et de son Église, tardera peut-être longtemps encore à se lever sur notre triste horizon. Qu'importe! Un jour nous la verrons illuminant notre vieux monde de ses brillantes clartés. En attendant, demandons au Christ que jamais l'étoile du devoir ne disparaisse à nos yeux, mais que toujours son lumineux sillage nous indique la route à suivre pour arriver à la perfection.

A notre volonté affaiblie par l'effort de la lutte il donnera des forces pour des combats nouveaux. Les tentations pourront venir nombreuses assaillir notre pauvre cœur; si nous sommes fidèles à notre hôte divin nous n'aurons rien à redouter. Le Christ c'est la force. Soutenus par sa grâce, nous réaliserons chaque jour davantage, malgré les difficultés semées sous nos pas, cet idéal sublime du caractère que nous avons entrevu. Nous serons des hommes et des chrétiens, des hommes vaillants et généreux parce que des chrétiens convaincus.

**

O Christ! ne nous abandonnez pas. Pélerins en route vers l'Eternité, nous avons besoin de vous sentir à nos côtés. La route est si dure. Le poids du jour est quelquefois si accablant. Marchez avec nous. Soutenez-nous dans la lutte; relevez-nous quand nous tombons; pansez nos pieds ensanglantés par les cailloux du chemin; consolez notre pauvre cœur endolori quand les épines du buisson lui arrachent par lambeaux ses affections et ses rêves.

Surtout, restez là tout près de nous, quand la lumière du dernier jour baissera. Prenez-nous dans vos bras, pressez-nous sur votre cœur. Faites que, comme les disciples d'Emmaüs, nous vous reconnaissions à la fraction du pain. Faites aussi que notre cœur à nous soit tout brûlant d'amour quand retentira à nos oreilles, mortes au bruit de la terre, le doux « Venez à moi » qui ouvrira à notre âme le séjour de l'Éternelle Patrie, promis à tous les hommes de cœur, à tous les bons serviteurs. (1)

Lille, 25 Décembre 1907.

Fête de la Nativité de Notre Seigneur Jésus-Christ.

---

(1) Nous recommandons instamment aux jeunes gens qui veulent vivre d'une vie vraiment chrétienne, la lecture quotidienne de l'*Évangile;* — la *Vie de Jésus-Christ*, du P. DIDON, O. P. (Plon. Paris); — *Notre-Seigneur Jésus-Christ dans son Évangile*, par H. LESÊTRE (Lethielleux. Paris); — *Jésus-Christ dans l'Évangile*, par le R. P. PÈGUES, O. P. (Lethielleux. Paris); — La *Vie de Notre-Seigneur Jésus-Christ*, par FOUARD, (Lecoffre. Paris). — *L'Évangile médité avec les Pères*, par le R. P. THIRIET, O. P. (Lecoffre. Paris).

TABLE DES MATIÈRES

ESTO VIR.

I. — IL N'Y A PLUS D'HOMMES. . . . . . . page 9

Tableau de la société contemporaine. — Conversations, — Théâtres, — Moralistes, — Prédicateurs, — Rareté de la Vertu. — *Causes de cette situation lamentable :* le sensualisme et la frivolité. — Ce qui nous manque, ce sont des hommes de caractère. — *Deux sophismes :* L'instruction est moralisatrice. — On ne peut devenir meilleur par des discours sur la Vertu. — Ce qu'il faut pour faire un homme, — *développer sa volonté.* — Le but de ce livre est de parler de la préparation morale des jeunes gens à leur mission. — Personne ne peut se dispenser de ce travail personnel.

II. — QU'EST-CE QU'UN HOMME DE CARACTÈRE? . page 21

Définition du caractère, d'après le P. Lacordaire et le P. Olivaint. — L'homme de caractère est : I. *Résolu pour entreprendre.* — Il sait prendre une décision. — Il est hardi sans audace. — La prudence. — De la décision il passe à l'action. — II. *Fort pour résister.* — Les obstacles : la moquerie ; les menaces ; les passions ; les honneurs. — *La persévérance,* pierre de touche du caractère. — Pas de lâcheté ; pas de découragement.

III. — LES LUTTES NÉCESSAIRES. — 1° LA LUTTE POUR
LA VIE. . . . . page 39

Pour *faire quelque chose,* il faut de la volonté. — *Action de la volonté sur l'intelligence.* — L'acquisition de la science. — La volonté est paresseuse ; — elle est atteinte du microbe du changement. — Les grands travailleurs intellectuels sont de grands volontaires ; — Exemples : — Newton ; Gladstone ; Démosthènes ; Savonarole ; Palissy ; Garcia Moreno. — *Action de la volonté sur le corps.* — Dans quelle mesure elle commande. — La résistance aux maladies ; — Goethe : — Ce qu'on peut faire avec une pauvre santé ; — Exemples : saint Paul ; saint Grégoire le Grand ; saint Alphonse de Liguori ; Mgr de Ségur. — La volonté victorieuse.

IV. — LES LUTTES NÉCESSAIRES. — 2° LA LUTTE CONTRE
LES PASSIONS. . . . . . . page 53

Pour *être quelqu'un,* il faut avoir de la volonté. — Les passions, d'après saint Thomas d'Aquin ; — La révolte des passions ; corruption originelle ; hérédité ; fautes personnelles. — *L'époque de la*

Crise. — Grand nombre de jeunes gens victimes des passions. — *Causes de ce désastre*, surtout le manque de volonté. — *Rôle de la volonté dans la lutte contre les passions.* — La volonté se laisse tromper. — Vigilance; — Saint Augustin et Alypius. — Vigilance de tous les instants. — La volonté peut encore opposer à la passion une double barrière : arrêter la manifestation extérieure de la passion, et lui opposer un non victorieux. — *L'éducation des passions.* — Le P. Lacordaire à Saint-Sernin de Toulouse, bénissant les passions. — A quoi elles servent. — Merveilleux résultats.

V. — PEUT-ON DEVENIR UN HOMME DE CARACTÈRE ? page 69

Transformation chez l'enfant. — Cause de cette transformation; — L'évolution d'une faculté. — La volonté susceptible de développement. — Limites de ce développement. — *La vertu est une affaire de tempérament.* — Tristes résultats de cette doctrine. — Les chiens de Lycurgue. — Notre âme est un champ cultivable; — Le duc de Bourgogne. — Nous ne venons pas tous au monde également doués; — L'hérédité physique et morale, d'après la science; — Pas de fatalité; — Comment on peut y échapper; — Nous sommes les artisans de notre caractère. — Austérité de ce travail.

VI. — LA CONNAISSANCE DE SOI-MÊME. . . . page 83

Importance de la connaissance de soi-même pour l'œuvre de la perfection morale. — Pourquoi les hommes s'ignorent. — La passion de la frivolité. — Comment parvenir à cette connaissance. — *L'examen de conscience.* — Il est pratiqué par tous ceux qui ont souci de leur perfection. — Exemples. — *Première partie de l'examen.* — Il faut éviter l'écueil du superficiel; Les petites choses; La passion dominante; Victoire à enregistrer ou défaite à déplorer; — Sanction. — *La seconde partie de l'examen.* — Se mettre en face de l'avenir; — Les résolutions. — Elles doivent être : précises; réalisables; nécessaires; décidées. — Moyens pratiques de connaître la valeur d'une résolution. — Les collectionneurs de résolutions. — Il faut éviter le découragement. — Exemple de Tamerlan. — Bonaparte à Marengo.

VII. — L'AMITIÉ CHEZ LES JEUNES GENS. . . page 105

Nécessité de l'amitié chez les jeunes gens. — Qu'est-ce que l'amitié ? — *Œuvre de préservation de l'amitié.* — L'amitié, précurseur de la foi. — L'amitié aux heures de crises morales. — Empêche l'ami de tomber. — Le relève après les chutes. — Lacordaire et Montalembert. — *Œuvre de perfectionnement.* — Aimer quelqu'un c'est vouloir son âme plus belle. — Les amis peuvent beaucoup pour la correction mutuelle des défauts. — Les confidences. — L'intimité de la vie. — Ils s'aident à réaliser la perfection entrevue. — Cette œuvre s'accomplit : par la vie en commun; par le souvenir; par la correspondance; par la prière.

VIII. — LE CHOIX DES AMIS. . . . . . . page 125

Les amitiés inutiles. — Les hommes « mâchoires, » les hommes « omnibus » — Peut-on avoir plusieurs amis ? — *Les amitiés mauvaises*; dangers pour la pureté des mœurs; dangers pour la pureté de la foi. — Lacordaire et Lamennais. — *Qualités que doit avoir un ami*. — Chrétien, vertueux, bon caractère. — Devons-nous exiger la conformité des idées ? — Pour les idées religieuses, oui. — Les rechercher dans la même condition sociale ? — Faut-il faire attention à leur âge ? — Les vieilles méthodes. — Régulariser ce sentiment; Ne pas se faire des amis trop vite; Les amitiés foudroyantes. — *Pour goûter sans danger les charmes de l'amitié*, mettre Jésus-Christ de moitié. — Aimer en Dieu, c'est diviniser l'amitié. — L'éternité de l'amitié. — Vain mot si elle n'est pas fondée sur Dieu. — Les Ruptures. — L'amitié chrétienne n'a pas de fin. — La mort; — Par delà la tombe. — Les relations avec nos morts.

IX. — LE PRÊTRE ET LES JEUNES GENS. — LA DIRECTION.
page 147

I. — *Nécessité d'un directeur*. — La peur du prêtre. — Objection contre la direction; elle fait de nous des passifs. — Exagérations de certains directeurs. — L'unique répression. — Tristes résultats. — L'autorité dans la direction. — La vraie direction a pour but de faire des hommes capables de se suffire à eux-mêmes. — L'idéal du directeur. — II. *Rôle du directeur*. — Une page du livre de Tobie. — Le directeur éclaire sur le but de la vie; — La grave question de la vocation. — Le directeur aide à atteindre ce but. — Éveilleur d'énergie; d'enthousiasme. — *Le directeur soutien du jeune homme*. — Les doutes sur les mystères de la vie et les mystères de la foi. — Il montre le parti qu'on peut tirer des tentations. — Le prêtre aide à vaincre le mal et rend fort pour l'avenir. — Aux heures de chute. — III. — *Le choix du directeur*. — Aller à lui avec confiance et simplicité. — L'amour des âmes jeunes chez le prêtre.

X. — LA GYMNASTIQUE DE LA VOLONTÉ . LES HABITUDES.
page 171

Nécessité du travail personnel pour devenir un homme de caractère. — *Les habitudes morales*. — Perfectionnement apporté à la volonté par l'habitude. — Comment acquérir les habitudes. — Par la répétition des actes. — Les actions qui creusent le sillon du bien. — La possession de soi-même. — Le règlement. — *Il faut que jeunesse se passe*. — A plus tard l'acquisition des habitudes ! — On est vieux ce qu'on a été jeune. — L'acquisition des habitudes, travail de la jeunesse. — 1° parce que l'âme alors est un terrain propice aux semences de vertu. — 2° parce que la jeunesse a la vaillance nécessaire pour acquérir des vertus difficiles. — 3° parce que si on n'acquiert pas à cet âge de bonnes habitudes, on en contracte facilement de mauvaises. — Esclavage ou liberté.

XI. — LE TRAVAIL ET LA PEINE. . . . page 185

L'horreur du travail chez nos contemporains, surtout chez les jeunes gens. — Le travail vient de Dieu. — Sa dignité. — Les nobles et les ignobles. — Le Christ ouvrier. — Le travail vu du dehors. — Nos vieilles cathédrales. — *Le travail concourt au développement de la volonté :* 1° *par l'activité qu'il suppose.* — Le paresseux n'exerce pas cette faculté. — Le laborieux dirige toutes ses forces vers un but unique et constant. — Le travail et la force d'âme. — 2° *Par les efforts qu'il demande :* — L'homme vaut en raison de la peine qu'il se donne. — Les meilleurs parmi nous viennent du milieu de ceux qui ont travaillé et souffert. — Exemples. — Les souffrances des jeunes gens. — La douleur est un breuvage fortifiant. — Ne pas se laisser absorber par la souffrance. — Une page de Pascal. — L'austère morale catholique, le plus complet système de dressage morale. — La statue de Chanzy à Nouart.

XII. — L'OBÉISSANCE ET LA DISCIPLINE. . . page 201

Préjugés contre l'obéissance. — Elle fait peur et répugne aux jeunes gens. — En obéissant, ils se croient moins hommes. — Fausses notions de l'obéissance. — Les jeunes fous et les vieux sages de M. de Vogüé. — L'homme doit être maître de ses actes. — Pour y arriver il doit s'affranchir de toutes les tyrannies. — L'enfant abandonné à ses caprices ; ce qu'il devient ; ses malheurs dans la vie. — La vie du fils de l'obéissance. — Dans l'obéissance, c'est la sécurité. — La boussole et la girouette. — C'est l'affranchissement. — La volonté et la règle. — La discipline ramasse les énergies, canalise les forces et leur donne une direction. — Les torrents des montagnes. — La force motrice; merveilles produites. — Toute obéissance ne produit pas ces résultats. — L'obéissance qui asservit et celle qui affranchit. — Qualités de la vraie obéissance.

XIII. — L'ESPRIT D'INITIATIVE . . page 215

Nous manquons d'hommes d'initiative. — Doléances universelles. — Le fléau de notre temps : *la passivité*. — Conséquences désastreuses pour la vie nationale et pour la vie individuelle. — *D'où vient ce manque d'esprit d'initiative ?* — Les accusations contre notre enseignement; contre la doctrine catholique. — Nations catholiques et nations protestantes. — 1re cause : L'organisation politique de notre pays. — La centralisation à outrance. — Le fonctionnarisme. — 2e cause : L'éducation des enfants dans la famille. — Négligence de la culture de l'initiative. — Contradiction avec l'éducation de l'école. — *Nécessité de l'esprit d'initiative.* — Pour ne pas laisser vaincre notre pays dans le champ de l'expansion coloniale; de l'économie sociale; pour l'apostolat par les œuvres. — *Comment acquérir cet esprit d'initiative ?* — Au collège : Par l'apprentissage de la vie personnelle. — Le règlement et la zône libre. — Le rôle de l'éducateur : inculquant le sentiment de la responsabilité, laissant une certaine initiative permise; dirigeant vers les œuvres — Après le collège : étudiants et jeunes gens dans le monde.

XIV. — L'HYGIÈNE RÉPARATRICE. — LES SPORTS. . page 235

L'hygiène et la volonté. — I. *L'hygiène de l'alimentation.* — Un grand danger : l'alcoolisme. — Tristes résultats au point de vue de la volonté. — Opinions des médecins. — Conduite pratique : — L'alimentation défectueuse. — On mange trop et surtout trop de viande. — Les pays froids. — Les jeûnes de l'Église. — Les Ordres religieux — La question du sommeil. — II. *L'hygiène de la respiration.* — Les chambres d'étudiants : — La gymnastique respiratoire. — La question des bains. — III. *Les exercices physiques.* — L'énervement de la jeune génération. — Les farandoles et les sarabandes de la vie moderne. — Vie de patachon de certains étudiants. — Nécessité des exercices. — L'influence des sports. — La victoire de la volonté. — Un mot sur les sports aux États-Unis. — Les prudes Yankees. — La mesure dans les sports. — La Suède. — On signale quelques exercices physiques trop négligés : Le travail manuel. — Le travail des champs. — La vie à la campagne — La marche sac au dos à travers la France. — La natation. — Les sports d'importation anglaise. — Choix des sports. — L'Église et les sports. — L'hygiène et la mortification : — Pas de contradiction.

XV. — CHASTETÉ ET VIRILITÉ. . . . . page 265

La sensualité, grande cause de l'affaiblissement des volontés. — I. *Ravages de l'Impureté*: 1° Elle s'attaque aux forces physiques. — 2° Elle s'attaque à la volonté. — Une page du P. Lacordaire. — Elle rend incapable de tout effort volontaire. — Elle barre les routes qui conduisent à la Virilité. — Constatations. — Le sang de la France. — 3° Elle s'attaque au cœur du jeune homme. — Les jouisseurs et les égoïstes. — II. *La chasteté est une vertu virifiante.* — 1° Au point de vue de la santé physique. — La pornographie médicale. — L'opinion des médecins. — Les facultés de médecine. — 2° *Au point de vue moral.* — Notre société contemporaine ressemble parfois à un mauvais lieu. — La lutte, moyen de fortifier la volonté. — Ample moisson d'actes volontaires. — Virile initiation à la vie. — III. *La chasteté est une vertu généreuse.* — L'Église et le célibat des prêtres. — Où se recrutent nos œuvres ? — Parmi les héros de la chasteté et parmi les jeunes gens au cœur pur. — Beauté des jeunes gens chastes.

XVI. — SURSUM CORDA ! L'IDÉAL. . . . . page 285

On ne connaît plus la passion de l'idéal. — Les injures contre l'idéal. — Nécessité d'un idéal pour les jeunes gens. — Il faut à notre vie un but précis. — *L'influence d'une idée sur une vie.* — Explication philosophique. — La volonté et le bien. — Avoir un idéal c'est avoir une raison de vivre. — La diplomatie de notre perfectionnement. — Ne laisser perdre aucune de nos forces. — L'idéal et la lutte contre le mal. — Exemple d'un jeune homme. — La meilleure des diversions.

Nature de l'idéal. — La jeunesse doit être ambitieuse. — L'idéal doit être supérieur aux richesses, aux plaisirs. — L'Idéal divin : Le Christ. — La réalisation de cet idéal dans chacune de nos vies. — *Il faut croire à l'idéal.* — La foi et le scepticisme. — *Il faut aimer cet idéal.* — L'enthousiasme. — La jeunesse d'âme. — Rêve de beauté et d'amour de l'âme de vingt ans. — L'épitaphe de Pasteur.

XVII. — LA CONSCIENCE. . . . . page 305

Insuffisance des principes. — La volonté a besoin d'un guide ; c'est la conscience. — *Action de la conscience sur notre volonté.* — Elle commande ce qu'elle doit faire à tel moment précis. — D'où vient cette autorité de la conscience. — Elle est la voix de Dieu. — La conscience témoin de notre vie ; notre juge. — Approbation ou reproches de la conscience. — David et Nathan. — Les attentats contre la conscience. — *La formation de la Conscience :* 1° L'instruire, afin qu'elle soit juste et certaine. — 2° Lui apprendre à régner sur notre vie. — En éveillant et en excitant l'idée souveraine du devoir. — La lumière de Dante. — Le chemin du Calvaire. — L'âme s'en va au plein épanouissement de son être dans la beauté.

XVIII. — LE COMPAGNON DE NOTRE ROUTE. . . page 323

Page d'Évangile. — Les disciples d'Emmaüs. — Comment nous revivons cette page dans notre vie. — Le Christ présent ; le Christ absent. — L'heure des passions ; l'heure triste de la persécution. — *Restez avec nous, car il se fait tard.* — Le Christ lumière de notre intelligence ; force de notre volonté. — Prière au Christ. — La fraction du pain.

Table des matières. . . . . page 331

Paris-Lille, Imp. A. Taffin-Lefort. — 09-126.

www.ingramcontent.com/pod-product-compliance
Lightning Source LLC
Chambersburg PA
CBHW060514170426
43199CB00011B/1447